Kohlhammer

Autismus Konkret

Hrsg. von Vera Bernard-Opitz

- Lernen mit ABA und AVT – Applied Behavior Analysis und Autismusspezifische Verhaltenstherapie (Vera Bernard-Opitz/Christos Nikopoulos)
- Anders denken lernen – Kognitive Verhaltenstherapie bei Autismus-Spektrum-Störungen (Jed Baker)
- Lernen von positiven Alternativen zu Verhaltensproblemen (Vera Bernard-Opitz)
- Verstehen über's Sehen – Visuelle Strategien in der Förderung von Menschen mit Autismus-Spektrum-Störung (Anne Häußler)
- Lernen im Sekundentakt – Präzisionslernen bei Kindern mit Autismus-Spektrum-Störungen (Kerry Milyko)
- Lernen durch Apps (N.N.)
- Lernen durch Videomodellierung (Christos Nikopoulos)
- Lernen von Spiel und Beziehungen von Gleichaltrigen: Integrierte Spielgruppen (Pamela Wolfberg)
- Nur dabei sein reicht nicht – Lernen im inklusiven schulischen Setting (Brita Schirmer)
- Lernen im Alltag – Natürliches Lernen (Hans-Rüdiger Röttgers & Katrin Rentmeister)
- Ursachen von Autismus-Spektrum-Störungen – Eine Spurensuche (Hans-Ulrich Bernard)
- Medikamentöse Behandlungsmöglichkeiten bei Autismus-Spektrum-Störungen (Luise Poustka & Boris Rothermel)

Hans-Ulrich Bernard

Ursachen von Autismus-Spektrum-Störungen

Eine Spurensuche

Verlag W. Kohlhammer

Dieses Werk einschließlich aller seiner Teile ist urheberrechtlich geschützt. Jede Verwendung außerhalb der engen Grenzen des Urheberrechts ist ohne Zustimmung des Verlags unzulässig und strafbar. Das gilt insbesondere für Vervielfältigungen, Übersetzungen, Mikroverfilmungen und für die Einspeicherung und Verarbeitung in elektronischen Systemen.

Die Wiedergabe von Warenbezeichnungen, Handelsnamen und sonstigen Kennzeichen in diesem Buch berechtigt nicht zu der Annahme, dass diese von jedermann frei benutzt werden dürfen. Vielmehr kann es sich auch dann um eingetragene Warenzeichen oder sonstige geschützte Kennzeichen handeln, wenn sie nicht eigens als solche gekennzeichnet sind.

Es konnten nicht alle Rechtsinhaber von Abbildungen ermittelt werden. Sollte dem Verlag gegenüber der Nachweis der Rechtsinhaberschaft geführt werden, wird das branchenübliche Honorar nachträglich gezahlt.

1. Auflage 2017

Alle Rechte vorbehalten
© W. Kohlhammer GmbH, Stuttgart
Gesamtherstellung: W. Kohlhammer GmbH, Stuttgart

Print:
ISBN 978-3-17-032033-8

E-Book-Formate:
pdf: ISBN 978-3-17-032034-5
epub: ISBN 978-3-17-032035-2
mobi: ISBN 978-3-17-032036-9

Für den Inhalt abgedruckter oder verlinkter Websites ist ausschließlich der jeweilige Betreiber verantwortlich. Die W. Kohlhammer GmbH hat keinen Einfluss auf die verknüpften Seiten und übernimmt hierfür keinerlei Haftung.

Inhaltsverzeichnis

Vorwort zur Reihe »Autismus Konkret« 7

Vorwort zu diesem Band 9

1 Einführung 11

2 Autismus: Viele verschiedene Krankheiten? Viele Ursachen? 15

3 Grundlegende Argumente für Vererbung von Autismus: Zwillingsforschung 19

4 Eine kurze Einführung in die Molekulargenetik und ihre Bedeutung für ASS 23

5 Beispiele fünf gut verstandener Gene, die eine Rolle in syndromischen Autismus-Spektrum-Störungen spielen 29

6 Suche nach ASS-Risikogenen in idiopathischen ASS Patienten 45

7 Überlappen die genetischen Ursachen von ASS mit denen anderer psychischer Störungen? 67

8 Umwelteinflüsse 71

Inhaltsverzeichnis

9	Der Nutzen von Tiermodellen für ASS Forschung und Behandlung	91
10	Epidemie des Autismus oder Epidemie der Diagnose?	95
11	Konsequenzen, DNA Diagnose, Hoffnungen, Zusammenfassung	97
12	Glossar	103
13	Literatur	111
14	Zum Autor	119

Vorwort zur Reihe »Autismus Konkret«

Das afrikanische Sprichwort »It takes a village to raise a child«/ Deutsch: »Es braucht ein Dorf, um ein Kind zu erziehen«« gilt sicherlich auch für Kinder und Jugendliche mit einer Autismus Spektrum Störung (ASS). Und vielleicht braucht es sogar mehr als ein Dorf: nämlich das Wissen von Spezialisten in verschiedenen Ländern, die sich Autismus Spektrum Störungen auf ihre Fahnen geschrieben haben. Ziel unserer Reihe »Autismus Konkret« ist es daher, das Wissen internationaler Experten zu relevanten Themen zu bündeln und Eltern, Therapeuten, Lehrer und anderen Fachkräften dieses Wissen in leicht verständlicher Form und so konkret wie möglich zur Verfügung zu stellen.

Oft ist es nicht einfach, Betroffenen mit ASS zu helfen. Eltern und Fachkräfte wissen, dass Zeit besonders kostbar ist, wenn es darum geht, effektiv Veränderungen zu bewirken. Daher sollten Erklärungsmodelle und Hilfen bewährt und wissenschaftlich anerkannt sein. Wir haben daher Kollegen in Deutschland, Österreich, England und den USA gebeten, ihr Spezialwissen über bestimmte evidenzbasierte und praxiserprobte Therapiemethoden in kurzer, konkreter Form mit unseren Lesern zu teilen.

Hierbei wird ein Einblick in folgende Themen gegeben: Lernen durch ABA und AVT, Anders denken lernen – Kognitive Verhaltenstherapie zum Abbau von Frustration und Ängsten und zum Aufbau von sozialen Fähigkeiten, Lernen von positiven Alternativen zu Verhaltensproblemen, Lernen im Alltag, Präzisionslernen, Lernen durch Apps, Lernen durch visuelle Hilfen, Lernen durch Videomodellierung, Integrierte Spielgruppen, Lernen im inklusiven schulischen Setting, Medikamentöse Hilfe und die Suche nach den Ursachen.

Wir hoffen, dass die Bände unserer Reihe »Autismus Konkret« Eltern und Kollegen helfen, Ursachen besser zu verstehen und wissenschaftlich anerkannte Therapiemethoden kennenzulernen. Hierbei wünschen wir, dass jeder Praxisband der Serie einen Beitrag leistet, therapeutische Hilfen für Betroffene mit ASS konkreter zu machen und Kindern und Jugendlichen mit ASS eine echte Chance zu geben, sich so zu entwickeln, dass eine Teilhabe am Leben der Gemeinschaft auch tatsächlich möglich wird. Und dazu braucht es sicher »Mehr als ein Dorf«.

Dr. Vera Bernard-Opitz, Herausgeberin der Reihe, Irvine, Juni 2017

Vorwort zu diesem Band

Vorrangiges Ziel unserer Buchserie »Autismus Konkret« ist es, neue therapeutische Ansätze bei Autismus Spektrum Störungen (ASS) vorzustellen. In diesem Zusammenhang wird immer wieder deutlich, wie verschiedene Symptombilder und Ausprägungsgrade unter diesem Krankheitsbild zusammengefasst werden. Viele Eltern, Verwandte, Therapeuten und Betroffene stellen sich die Frage, welche Ursachen zu so unterschiedlichen Krankheitsbildern geführt haben können. Hierbei besteht die Gefahr, die Schuld für die Erkrankung in längst verworfenen Spekulationen zu suchen, wie etwa Erziehungsfehlern, Folgen von Impfungen bzw. bereitwillig Ernährung oder Umweltgifte zu verdächtigen.

Dagegen stellt dieses Buch den aktuellen wissenschaftlichen Kenntnisstand über die Ursachen von ASS vor. Dabei wurde der Versuch unternommen, die meist schwer verständliche Fachliteratur allgemeinverständlich darzustellen. Es werden die häufigsten Unsicherheiten und Fragen beantwortet, wie »Ist ASS eine Erbkrankheit?«, »Gibt es ASS Risikogene?«, »Gibt es auch in Verwandten von Betroffenen ASS-Symptome?«, »Welchen Einfluss haben Umweltfaktoren, wie Virusinfektionen oder die Einnahme bestimmter Medikamente während der Schwangerschaft?«, »Was wissen wir von autistischen Mäusen oder Affenmodellen?«, »Kann ASS besser durch genetische Befunde erklärt werden als durch die Beschreibung der Krankheitssymptome?«.

Hans-Ulrich Bernard macht deutlich, dass ASS vermutlich aus hunderten verschiedenen Krankheiten besteht. Basierend auf dem schnellen Fortschritt der Genetik in den letzten Jahren

Vorwort zu diesem Band

besteht dabei die Hoffnung, dass diesen verschiedenen Krankheiten, ihrer Diagnose und ihrer Behandlung in Zukunft mit zunehmender Präzision nachgegangen werden kann.

Hans-Ulrich Bernard hat an der Universität Göttingen Molekularbiologie studiert und an der National University of Singapore sowie der University of California Irvine über Fragen der Virologie und Krebsentstehung gearbeitet. Außerhalb seines Labors bemüht er sich mit Schriften wie diesem Buch, wissenschaftliche Erkenntnisse einem breiten Leserkreis zugänglich zu machen.

Ich bin dem Autor – als meinem langjährigen Ehemann – sehr dankbar, dass er – endlich auch einmal! – sein Fachwissen meinem Spezialgebiet zur Verfügung stellt.

Vera Bernard-Opitz, Irvine, Juli 2017

1 Einführung

Autismus ist eine tiefgreifende Entwicklungsstörung, die bei etwa 1 % aller Kinder auftritt. Besonders betroffen sind die sozialen Fähigkeiten sowie die verbale und nicht-verbale Kommunikation. Mangel an Flexibilität, stereotype und ritualisierte Verhaltensweisen sind weitere Auffälligkeiten. Um die unterschiedlichen Schweregrade und kognitiven Fähigkeiten anzudeuten, wird statt der Bezeichnung »Autismus« im Regelfall der Begriff »*Autismus-Spektrum-Störungen*« (Abk: ASS) benutzt.

Autismus kann mit geistiger Behinderung oder Down-Syndrom, aber auch mit Epilepsie, Aufmerksamkeits- und Zwangsstörungen überlappen. Darüber hinaus kann eine autistische Symptomatik auch gemeinsam mit bestimmten Krankheitsbildern auftreten, wie Rett- oder Fragiles-X-Syndrom. Wenn Autismus als »*Komorbidität*« (Begleiterkrankung) auftritt, spricht man von »*syndromischem Autismus*« (Noterdaeme, 2009). Wenn Autismus primäres oder alleiniges Krankheitsbild ist, liegt ein »*idiopathi-*

1 Einführung

scher Autismus« vor. Soweit bekannt, existieren ASS in allen Ländern bzw. ethnischen Gruppen. In entwickelten Ländern wird dabei von einer hohen und möglicherweise steigenden Prävalenz (Krankheitshäufigkeit) ausgegangen.

Seit Jahrzehnten ist die Frage nach Ursachen von ASS Gegenstand intensiver Untersuchungen. Erklärungen wurden in Erziehungsfehlern vermutet, in Fehlernährung, Giftstoffen, Infektionskrankheiten, und Nebenwirkung von Impfungen. Es steht heute fest, dass einige dieser Vermutungen Irrtümer waren, die zum Teil – wie bei der Impfdebatte - nachlässig oder vorsätzlich ausgestreut wurden. Andere, wie etwa manche Infektionskrankheiten, sind mögliche, aber noch wenig verstandene Begleitfaktoren der Entwicklung zum Autismus.

> Es gilt heute als abgesichert, dass ASS durch Erbfaktoren, also »Gene« oder »genetische Faktoren« bedingt wird. Diese können allerdings durch Umweltfaktoren beeinflusst sein.

Dieses Buch fasst unser heutiges Wissen über die Erbfaktoren von ASS sowie vermutete Wechselwirkung mit Umweltfaktoren zusammen. Gegenüber anderen Erklärungen hat die genetische Analyse den Vorteil, mit großer Effizienz und objektiv durchführbar zu sein. So ist es mit Hilfe moderner DNA-Technologien und computerbasierter Auswertung möglich, das Erbgut eines autistischen Patienten und seiner Eltern mit vertretbarem Arbeitsaufwand und Kosten zu analysieren. Das Ergebnis sind Kataloge von hunderten von genetischen Veränderungen, die spezifisch in Patienten mit ASS gefunden wurden. Es lässt sich belegen, dass diese Veränderungen die Entwicklung von ASS verursachen, u. a. dadurch, dass viele der betroffenen Gene für Proteine kodieren, die eine neuronale Funktion haben. Auf diese unterschiedlichen

Funktionen wird später ausführlich eingegangen werden (▶ Kap. 5 und ▶ Kap. 6). Auch können gezielte Veränderungen derselben Gene in Mäusen und Affen ASS-ähnliche Symptome in diesen Tieren auslösen.

Mit den derzeitigen Forschungsansätzen kann die Molekularbiologie wichtige Beiträge zur Klärung der Entwicklung von ASS liefern.

> Das Wissen um genetische Grundlagen schützt gegen falsche Schuldzuweisungen und therapeutische Irrwege, und öffnet den Zugang zu molekularer Diagnose und rationaler Pharmakotherapie.

Dieses Buch will Ärzten, Psychotherapeuten, Pädagogen, Studenten und naturwissenschaftlich interessierten Eltern und Laien einen Einblick in den derzeitigen Wissensstand der Ursachen des Autismus vermitteln. Es wird dabei versucht, die schwer verständliche Sprache der Primärliteratur in zugänglichere, aber nichtsdestotrotz präzise Darstellungen zu übersetzen. Hiermit soll ein Grundlagenwissen geschaffen werden und eine Neugier auf die zu erwartenden brisanten Entwicklungen der kommenden Jahre.

In diesem Buch ist von den Ursachen und von der Ätiologie des Autismus die Rede. Es muss betont werden, dass diese beiden Begriffe hier im Wesentlichen gleichbedeutend gebraucht werden – nämlich im Sinne der Identifikation von genetischen oder umweltbedingten Auslösern der Entwicklung von ASS. Ein solcher Auslöser kann eine molekulare Störung der Differenzierung von Neuronen sein. Diese kann sekundäre Folgeschäden haben, wie etwa mikroskopisch beobachtbare neuroanatomische Veränderungen. Solche neuroanatomischen Veränderungen können

1 Einführung

mit biochemisch messbaren Veränderungen von Neurotransmittern einhergehen. Darüber hinaus kann eine funktionelle Magnetresonanztomographie Änderungen der neuronalen Aktivität erfassen. All diese sekundären Ereignisse sind natürlich auch »Ursachen von ASS«, aber eben nicht die primären Störungen. Sie werden deshalb in diesem Buch nur am Rande behandelt. Der interessierte Leser wird auf Zusammenfassungen in deutsch- und englischsprachigen Handbüchern verwiesen (Bölte, 2009a; Fatemi, 2015).

2 Autismus: Viele verschiedene Krankheiten? Viele Ursachen?

Die Forschung und Beschreibung einer spezifischen Krankheit ist selten einfach und geradlinig.

Zum Beispiel ist »Grippe« definiert durch eine bestimmte Ursache, nämlich eine Infektion mit dem Influenza-Virus, verbunden mit einer ähnlichen Symptomatik verschiedener Patienten. Nun decken aber Symptome und Krankheitsverlauf der Grippe ein weites Spektrum ab, das von einer harmlosen »Erkältung« bis zum tödlichen Verlauf reicht. Auch werden grippeähnliche Krankheitsbilder durch Infektion mit anderen Viren und Bakterien verursacht. Die Diagnose »Grippe« ist also streng genommen nur durch Nachweis des Erregers zu belegen.

Die Autismusforschung hat sich über den größten Teil der letzten 70 Jahre in einem ähnlichen – aber noch stärker ausgeprägten – Dilemma befunden. Man hat versucht, durch Diagnose von Symptomen zu einer Definition der Krankheit zu kommen, ohne aber letztendlich Einsicht in Primärursachen – wie dem Virus bei der Grippe – zu erhalten. In diesem Sinn muss »Autismus-Spektrum-Störungen« als ein diagnostisch hilfreicher Oberbegriff verstanden werden, der derzeit aber auf Verhaltensbeobachtungen basiert.

> ASS bezeichnet keine einzelne Krankheitskategorie im Sinne einer einzigen Ursache.

So sind die diagnostischen Hauptkriterien von ASS anhand des *Diagnostic and Statistical Manual of Mental Disorders* (5th ed.; *DSM-5* American Psychiatric Association, 2013) komplexe Verhaltensweisen, nämlich Auffälligkeiten in sozialer Kommunikation und Interaktion und repetitive motorische Stereotypien (Freitag, 2014) (▶ Tab. 1).

Tab. 1: Diagnostische Hauptkriterien von ASS nach DSM-5

Krankheitsbild	Diagnostische Hauptkriterien
Autismus-Spektrum-Störungen	• Defizite in sozialer Kommunikation und Interaktion • Repetitive motorische Stereotypien

Auch ohne die Ursachenforschung der letzten Jahre liegt es nah, hinter solchen breit gefächerten Kategorien unterschiedliche Krankheiten zu vermuten. Ein Beispiel ist der Vergleich schwer beeinträchtigter, ehemals sogenannter »Kanner-Autisten« mit leichter beeinträchtigten »Asperger-Patienten« oder mit Patienten, bei denen eine ASS Symptomatik als Begleiterkrankung (Komorbidität) im Rahmen anderer Syndrome auftritt.

Daher muss die Suche nach den Ursachen von Autismus bei den folgenden Fragen beginnen:
- Ist Autismus erblich bedingt, und wenn ja, spielen Veränderungen in einem Gen oder mehreren Genen eine Rolle?
- Was ist die Funktion dieser Gene bzw. der von ihnen kodierten Proteine?
- Wenn sich genetische Ursachen nachweisen lassen, heißt das dann, dass Umwelteinflüsse keine Rolle spielen?
- Falls Umwelteinflüsse doch eine Rolle spielen, wie ist das Wechselspiel zwischen Umwelt und Genetik beschaffen?

> In den letzten Jahren hat die Beantwortung dieser Fragen bedeutende Fortschritte gemacht, auch wenn wir noch weit von einem detaillierten Verständnis der Ursachen des Autismus entfernt sind.

3 Grundlegende Argumente für Vererbung von Autismus: Zwillingsforschung

Ohne die hochtechnisierten Möglichkeiten der heutigen Molekularbiologie begannen Forscher schon vor Jahrzehnten zu fragen, ob die autistische Symptomatik vererbt wird. Speziell untersuchte man, ob es Unterschiede bei der Überlappung der ASS Symptomatik zwischen eineiigen und zweieiigen Zwillingspaaren gibt.

Warum ist das wichtig? Eineiige Zwillinge haben beide genau dieselben Gene, im Gegensatz zu zweieiigen Zwillingen, die wie alle anderen Geschwisterpaare im Durchschnitt nur 50 % aller elterlichen Gene teilen. Die Umwelt beeinflusst eineiige und zweieiige Zwillinge allerdings in ähnlicher Weise durch gleiche Einflüsse während der Schwangerschaft und ähnliche Geburtsverläufe. Nach der Geburt sind sowohl ähnliche wie auseinander driftende Einflüsse wahrscheinlich, etwa durch Ernährung, Infektion und soziale Kontakte.

Sollte nun Autismus erblich sein, so sollte der eineiige Zwilling eines Patienten mit ASS auch eine autistische Symptomatik haben. Sollte Autismus dagegen im Wesentlichen durch Umweltfaktoren bestimmt werden, so sollte die Überlappungshäufigkeit gering sein, und sich bei eineiigen und zweieiigen Zwillingen ähnlen.

Zu dieser Frage sind zahlreiche Studien durchgeführt worden, die ältesten bereits vor etwa 40 Jahren (Bailey et al., 1995). Während beim Vergleich verschiedener Studien detaillierte Zahlen schwanken, kann man verallgemeinernd feststellen, dass etwa 90 % der eineiigen Zwillingsgeschwister von ASS Patienten entweder auch Betroffene sind, oder zumindest eine teilweise ASS Symptomatik haben. Diese Beobachtung hat zwei Facetten. Einerseits zeigt der hohe Prozentsatz der Überlappungen unanfechtbar, dass Autismus ganz wesentlich durch eine erbliche Anlage bedingt ist, also die betroffenen Patienten Autismus-Risikogene (*ASS-Risikogene*) tragen. Andererseits ist die Zahl geringer als 100 %. Dies deutet darauf hin, dass sich ASS-Risikogene nicht vollständig im Krankheitsbild oder *Phänotyp* zeigen. Sie haben, wie es die Genetik ausdrückt, »*unvollständige Penetranz*«. Die Ursachen hierfür sind wenig verstanden und können durch Zufall oder Umwelteinflüsse bedingt sein.

> Bei etwa 90 % aller eineiigen Zwillingspaare mit einem ASS Patienten hat auch der Zwilling eine ASS Symptomatik. Dies beweist eindeutig die Erblichkeit von ASS, wobei unbekannte Faktoren für die Abweichung bei den restlichen 10 % verantwortlich sind.

3 Grundlegende Argumente für Vererbung von Autismus

Diese Interpretation wird auch durch die Analyse zweieiiger Zwillingspaare unterstützt, bei denen zumindest ein Kind ASS hat. Das Erbgut zweieiiger Zwillinge überlappt im Durchschnitt nur zu 50 %, und so sollte es in etwa 50 % aller Fälle von ASS in einem der beiden Kinder zu ASS Symptomatik im Geschwister kommen. Tatsächlich sind die gefundenen Werte mit etwa 10 % geringer als die Erwartungen. Auch diese Beobachtungen bestätigen die Erblichkeit von Autismus, weisen aber entweder auch auf eine Modulation der Genetik durch unbekannte Einflüsse hin, oder auf komplexe Wechselwirkungen zwischen multiplen genetischen Faktoren.

Zwillingspaare sind einer Mischung von gleichartigen oder voneinander abweichenden Umweltfaktoren ausgesetzt, unabhängig davon, ob sie nun ein- oder zweieiiger Herkunft sind. Wenn Umweltfaktoren der primäre Auslöser von ASS wären, dann sollte ASS Symptomatik mit gleicher Häufigkeit in beiden Zwillingspaarkategorien auftreten. Die Übereinstimmung in eineiigen Zwillingen ist aber etwa zehnmal so hoch wie in zweieiigen. Man muss also auch aus diesem dritten Vergleich schließen, dass Erbanlagen eine gewichtige Rolle in der ASS Ätiologie spielen.

Wenngleich man schlussfolgern kann, dass die Mehrzahl aller ASS Fälle erblicher Natur sind, ist es noch ein weiter Weg zu einem detaillierten Verständnis der Ursachen von ASS. Nichtsdestotrotz hat diese grundsätzliche Einsicht immense praktische Konsequenzen, weil es für die Mehrzahl aller ASS Fälle alternative Erklärungen unwiderlegbar ausschließt.

> In der Mehrzahl wird Autismus *nicht* durch Giftstoffe oder Infektionen ausgelöst, ist *nicht* die Nebenwirkung von Impfungen und *nicht* das Ergebnis fehlgeschlagener Erziehung. Eltern brauchen sich *keine* Vorwürfe wegen vermuteter Verhaltensfehler machen.

3 Grundlegende Argumente für Vererbung von Autismus

- Was aber sind nun genau diese veränderten Erbfaktoren, diese ASS-Risikogene?
- Wie kann man sie finden?
- Wie kann man ihre Funktion verstehen?
- Hilft ihre Identifizierung bei der Diagnose und Therapie?
- Hilft sie bei der genetischen Beratung von Eltern, die bereits ein autistisches Kind haben?
- Hilft sie bei der Entwicklung von pharmazeutischen Wirkstoffen?

In den Kapiteln 5 und 6 wird versucht werden, diese Fragen zu beantworten (▶ Kap. 5, ▶ Kap. 6).

4 Eine kurze Einführung in die Molekulargenetik und ihre Bedeutung für ASS

In diesem Buch werden detaillierte Fakten über die Molekulargenetik von ASS diskutiert. Um sicherzustellen, dass diese Diskussion für jeden Leser zugänglich ist, soll hier kurz an die Grundlagen der Molekulargenetik erinnert werden. Das mag auf den ersten Blick wie die schriftstellerische Verirrung eines Molekularbiologen klingen, aber tatsächlich sind die auftauchenden Begriffe zentral für spätere Diskussionen von ASS Ursachen. Dieses Kapitel soll dem Leser, für den Molekularbiologie Neuland ist, helfen, leichteren Zugang zu späteren Kapiteln zu finden.

Erbinformation wird in fadenförmigen Molekülen gespeichert, die man mit *DNA* (oder im Deutschen oft DNS) abkürzt. Information ist in der DNA durch Abfolge der vier DNA-Basen

Adenin, Cytosin, Guanin und *Thymin* (A, C, G und T) kodiert, die molekular verankert in der DNA »*Nukleotide*« heißen. Der DNA-Code wird in Eiweißmoleküle (*Proteine*) übersetzt, die aus zwanzig verschiedenen Aminosäuren bestehen. Proteine sind die eigentlichen Träger von molekularen Funktionen. Ein Abschnitt der DNA, der für ein Protein kodiert, wird als »*Gen*« bezeichnet. Wenn wir also von Veränderung der Erbinformation (*Mutation*) sprechen, so ist damit gemeint, dass sich die Abfolge von A, C, G und Ts verändert hat, so dass ein Protein gar nicht mehr oder aber mit anderen Eigenschaften hergestellt wird. Wenn ein Gen durch den Austausch eines dieser Nukleotide verändert ist, so bezeichnet man dies im Englischen als »*single nucleotid polymorphism*« (*SNP*). Ein Gen kann auch völlig fehlen (*Deletion*) oder verdoppelt sein (*Duplikation*), wofür der Oberbegriff »*copy number variants*« *(CNV)* existiert. Wenn also in Laiensprache nach den Erbfaktoren von ASS gefragt wird, so sind das im wissenschaftlichen Jargon die SNPs und CNVs, die ASS relevante Gene verändern (▶ Abb. 1).

Das Wort »*Genexpression*« bezeichnet die Übersetzung eines Gens in sein kodiertes Protein. Dies passiert in zwei hintereinandergeschalteten Prozessen, »*Transkription*« und »*Translation*«. Das sind zwei komplizierte Mechanismen unter Beteiligung von hunderten von Faktoren, die wiederum auch Proteine sind. Bei der Transkription wird das Gen von der DNA in mRNA übersetzt, und bei der Translation von der mRNA in ein Protein. Der erste Schritt, die Transkription, wird noch verkompliziert durch die Tatsache, dass DNA nicht als freies Molekül im Zellkern besteht, sondern aufgewickelt um *Histonproteine*, und diese Struktur wird als *Chromatin bezeichnet*. Sowohl die DNA selbst als auch diese Histonproteine können chemisch verändert werden, etwa durch *Methylierung*. Dadurch wird die Genexpression verändert, was man als »*Epigenetik*« bezeichnet (▶ Abb. 2).

4 Eine kurze Einführung in die Molekulargenetik

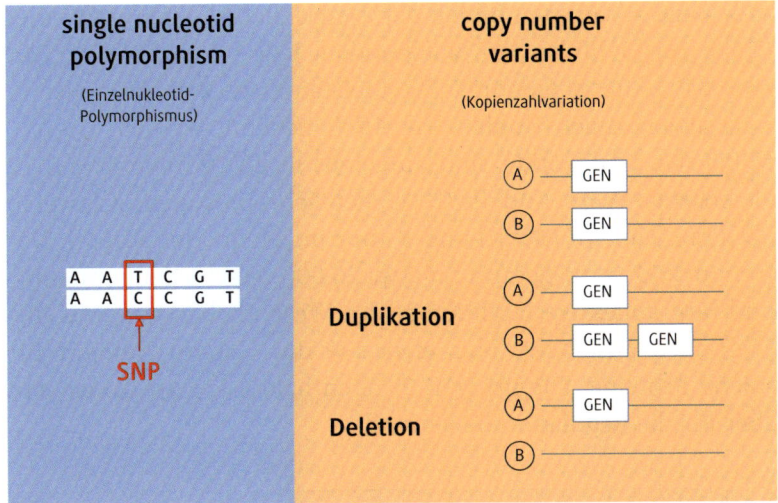

Abb. 1: SNP (links) und CNV (rechts)

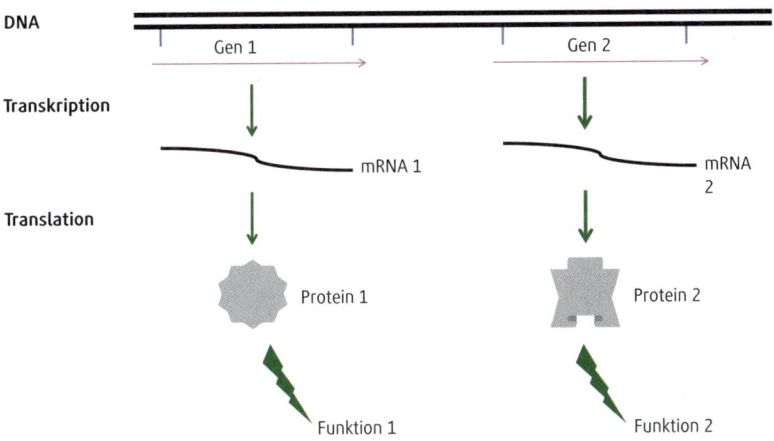

Abb. 2: Die Schritte von DNA kodierten Genen zu den Funktionen von Proteinen

4 Eine kurze Einführung in die Molekulargenetik

Alle Gene zusammen bilden das menschliche Genom mit einer Länge von 3 Milliarden Nukleotiden. Jede Körperzelle enthält zwei Sätze dieses Genoms. Die meisten Gene existieren also in zwei gleichartigen Kopien, die *Allele* genannt werden. Diese 6 Milliarden Nukleotide sind aufgeteilt in 46 *Chromosomen*, 22 gleichartige Paare, und die Geschlechtschromosomen X (zwei in der Frau, eins im Mann) und Y (nur im Mann eine Kopie). Das Genom kodiert insgesamt für etwa 20.000 verschiedene Proteine, und ihre kollektive Funktion ist im Wesentlichen das, was uns Menschen ausmacht. Nur etwa 1 % des Genoms kodiert für solche Proteine. Die übrigen 99 % enthalten keinen Code, sind aber für die Regulation bedeutend.

> **Eindrucksvolle Fakten:**
> Alle Gene zusammen bilden das menschliche Genom mit insgesamt 6 Milliarden Nukleotiden.
>
> Das Genom kodiert für etwa 20.000 verschiedene Proteine, und ihre kollektive Funktion ist im Wesentlichen das, was uns Menschen ausmacht.
>
> 1 % des Genoms kodiert für Proteine, die übrigen 99 % sind für die Regulation bedeutend.

Es erschien noch bis Mitte der 90er Jahre fast unmöglich, die genaue Abfolge der 3 Milliarden Nukleotide des menschlichen Genoms zu bestimmen. Mit gewaltigem finanziellen und personellen Aufwand wurde das Unterfangen aber um die Jahrtausendwende abgeschlossen (Human Genome Project). Heute, nur 15 Jahre später, gibt es Maschinen, die in Zusammenarbeit mit leistungsfähigen Computern in wenigen Stunden ein ganzes

4 Eine kurze Einführung in die Molekulargenetik

menschliches Genom bestimmen können. Wir sprechen von *whole exome sequencing (WES)*, wenn nur die Sequenz der proteinkodierenden Gene bestimmt wird, oder von dem aufwendigeren *whole genome sequencing (WGS)*, wenn die Sequenz aller 6 Milliarden Nukleotide ermittelt wird.

> Voraussetzung für die Informationen, die in diesem Buch diskutiert werden, war die vollständige Gensequenz (und oft Genomsequenz) von Tausenden von ASS Patienten, ihren Eltern und Geschwistern, insgesamt also etliche Billionen von Einzelinformationen.

Die 20.000 Gene unseres Körpers haben sehr unterschiedliche Funktionen. Sie kodieren z. B. für die Keratine unserer Fingernägel, für das Hämoglobin der roten Blutkörperchen, oder für Aktin und Myosin, verantwortlich für die Kontraktion unserer Muskeln. Diese Beispiele haben natürlich nichts mit ASS zu tun.

Aber was können wir von den Proteinen erwarten, die von ASS-Risikogenen kodiert sind? Da ASS neurologische Erkrankungen sind, kann man von ASS-Risikogenen Proteine erwarten, die für neuronalen Strukturen wie etwa Synapsen wichtig sind oder für deren Funktionen, wie etwa Ionenkanäle. Auch könnten es Regulatoren für die Entwicklung solcher neuronaler Strukturen sein. Da die Entwicklung des Nervensystems weder im Fötus noch bei gesunden Kindern und Erwachsenen detailliert verstanden ist, muss man auf Überraschungen gefasst sein.

Zur Begriffsklärung: Mit »ASS-Risikogen« ist nicht gemeint, dass das normale Gen ein ASS-Risiko beinhaltet. Das normale Gen hat eine Funktion, die für die Biologie eines gesunden Menschen essentiell ist. Ein Problem entsteht, wenn die Mutation eines Gens zum Ausfall des kodierten Proteins oder zu einer Veränderung der normalen Funktion führt.

> Ein Defekt in einem ASS-Risikogen kann so gravierend sein, dass das Auftreten autistischer Symptome eine notwendige Konsequenz ist. Man sagt dann, dass das mutierte Gen eine hohe Penetranz zeigt. Alternativ kann die Variation des Gens nur die Neigung erhöhen, ASS Symptomatik zu entwickeln.

Am Ende dieser Einführung noch ein Wort zu der sprachlichen Benennung von Genen. Gene haben meist nicht so einfache Namen wie die oben genannten vier Beispiele, sondern lange Bezeichnungen ihrer biochemischen Funktion, die für den Nicht-Fachmann wenig einprägsam sind. Praktischerweise braucht man sich diese aber nicht zu merken, da alle Gene auch mit eine Buchstaben- und Zahlen-Kurzform bezeichnet werden. Soweit im Text nicht erwähnt, sind im Glossar die jeweilige Bedeutung der Kurzform von etwa 20 ASS-relevanten Gene, die in diesem Buch genannt werden, aufgelistet. Übrigens werden oft ähnliche Kürzel für das Gen selbst und für das kodierte Protein benutzt und im Jargon geht es manchmal unter, welche dieser beiden Alternativen gerade gemeint ist. Wenn später in diesem Buch solche Abkürzungen auftauchen, wie im nächsten Kapitel etwa »MECP2«, so sollte es helfen, entweder an einen Abschnitt DNA-Code zu denken oder an das davon abgeleitete Eiweißmolekül mit präzisen Funktionen.

5 Beispiele fünf gut verstandener Gene, die eine Rolle in syndromischen Autismus-Spektrum-Störungen spielen

Um die genetische Erforschung des Autismus zu verstehen, hilft es, mit Syndromen zu beginnen, die nicht primär unter ASS fallen, bei denen aber ein hoher Prozentsatz aller Patienten autistische Symptome zeigt. Zwei Vorteile spielen hier zusammen. Anders als bei den vielen Ausprägungen von ASS liegen bei Syndromen wie beispielsweise dem Rett-Syndrom oder dem Fragilen-X-Syndrom definierte Krankheitsbilder vor. Und, wie sich zeigte, beruht jedes dieser Syndrome auf einem einzelnen genetischen Defekt. Diese strikte Korrelation vereinfachte die erfolgreiche Identifizierung der mutierten Gene, die teilweise schon 20 Jahre und länger zurück liegt. Entsprechend gründlich konnten die Ursachen erforscht werden. So ergibt eine Literatursuche (z. B. per Pubmed) bezüglich der beiden genannten Syndrome, die durch Mutation der Gene MECP2 und FMR1 entstehen, jeweils mehr als 2.000 Treffer.

Mehr als 40 Gene sind mit syndromischer ASS Symptomatik assoziiert. Sie sollen hier nicht alle gelistet werden, sind aber leicht im Internet identifizierbar über die Website der Simons Foundation, auf die wir noch des Öfteren zurückkommen werden: https://gene.sfari.org/autdb/GSGeneList.do?c=S. Fünf dieser Gene und Syndrome, die besonders gut untersucht sind, werden im Folgenden vorgestellt. Erstaunlich dabei ist, dass Gene, die zur Symptomatik von ASS beitragen, außerordentlich verschiedenartige Funktionen haben können.

5.1 Rett-Syndrom. Verlust von MeCP2, einem neuronal wichtigen Transkriptionsfaktor, führt zu einem Syndrom mit ASS Symptomatik

Das Rett-Syndrom ist eine schwere neurologische Entwicklungsstörung, die sich nach einer anfänglich normalen Entwicklung gegen Ende des ersten und im Laufe des zweiten Lebensjahres ausbildet. Sie tritt fast ausschließlich bei weiblichen Patienten auf, wobei ein Kind von etwa 10.000 betroffen ist.

Tab. 2: Typische Symptome des Rett-Syndroms

Erkrankung	Typische Symptome
Rett-Syndrom	• Verlangsamung des Schädelwachstums • Geistige Behinderung • Motorische Defizite • Epilepsien • Zum Teil autistische Verhaltensweisen wie Stereotypien

Zu typischen Symptomen gehören eine Verlangsamung des Schädelwachstums, geistige Behinderung, stereotypes Verhalten, motorische Defizite, und epileptische Anfälle (▶ Tab. 2). Viele Patientinnen zeigen Verhaltenssymptome, wie sie für ASS typisch sind (etwa repetitive Handbewegungen, Zehenspitzengang). Das Rett-Syndrom ist daher früher zusammen mit anderen Formen von ASS gruppiert worden, wird aber heute als eigenständige diagnostische Kategorie klassifiziert.

Bei Patientinnen mit dem Rett-Syndrom fand man Deletionen in einem bestimmten Bereich des X-Chromosoms. In den 1990er Jahren konnte man feststellen, dass von diesen Deletionen ein Gen mit der Bezeichnung MECP2 betroffen war. Diese MECP2 Mutationen konnten nicht in den Körperzellen der Eltern von Rett-Syndrom-Patientinnen gefunden werden. Die plausible Erklärung hierfür ist, dass die MECP2 Mutationen in der Keimbahn auftreten, also bei der Spermien- oder Eizellenentwicklung. Wie schon erwähnt haben Frauen zwei X-Chromosomen, Männer dagegen nur eins. Die Seltenheit von männlichen Rett-Syndrom-Patienten kann dadurch erklärt werden, dass ein männlicher Fötus mit nur einem mutierten MECP2 Gen anscheinend meist nicht lebensfähig ist. Dagegen hat ein weiblicher Fötus neben dem mutierten noch ein intaktes MECP2 Gen, das die funktionellen Defekte der zweiten Kopie teilweise kompensiert.

Wie kann man sich die molekularen Ursachen des Rett-Syndroms vorstellen?

Als man die MECP2 Deletionen in Rett-Syndrom-Patienten entdeckte, wurde MECP2 bereits im Rahmen der Grundlagenforschung außerhalb krankheitsrelevanter Fragen studiert. Hier war gefunden worden, dass MECP2 für einen Transkriptionsfaktor kodiert, also einen Regulator der Genexpression. Der Name des Gens (die Abkürzung steht für Methyl CpG binding Protein 2) verweist auf die Tatsache, dass das MeCP2 Protein methylierte, also epigenetisch veränderte DNA bindet (Amir et al., 1999). Diese Bindung hat funktionelle Konsequenzen: MeCP2 funktioniert vor allem als Repressor der Transkription, schaltet also Gene in der Nachbarschaft von methylierten MeCP2 Bindungsstellen ab, wobei noch nicht alle Details dieses Mechanismus verstanden sind (► Abb. 3).

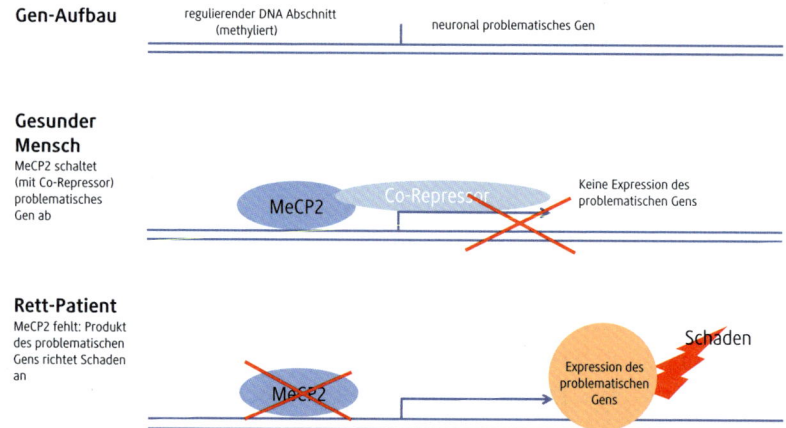

Abb. 3: Rett-Syndrom: MECP2 Defekt führt zur Expression eines neuronal problematischen Gens

5.1 Rett-Syndrom

Welche Verbindung besteht zwischen diesem grundlegenden Mechanismus und der Rett-Symptomatik?
Während das MeCP2 Protein in vielen Körperzellen vorhanden ist, tritt es in besonders hoher Konzentration in Nervenzellen auf. Hier reguliert es vermutlich Gene, die in diesen Zellen nur wohl dosiert gebraucht werden. Ohne MeCP2 werden diese Gene aktiviert, und die unregulierte Produktion der kodierten Proteine führt zu Defekten der Nervenfunktion.

> Man kann also MECP2 als einen Regulator von neuronal relevanten Genen in epigenetisch veränderter DNA ansehen.

Wenn in männlichen Föten überhaupt keine MECP2 Funktion vorhanden ist, ist der Fötus nicht lebensfähig. Wenn dagegen in weiblichen Föten der MECP2 Defekt durch ein funktionierendes Gen ergänzt wird, kommt es zur Geburt eines zunächst symptomlosen Babys, und erst nach ein bis zwei Jahren entwickeln sich die Symptome des Rett-Syndroms.

Erstaunlicherweise gibt es eine dritte Möglichkeit, nämlich eine Überexpression des MeCP2 Proteins nach Verdopplung oder Vervielfachung des MECP2 Gens. Dieser Mechanismus wurde als Erklärung für das MECP2 Duplikationssyndrom gefunden, einer in männlichen Kindern auftretenden geistigen Behinderung mit ASS Symptomatik. MECP2 kann als ASS-Risikogen klassifiziert werden, da seine Mutation eine Rolle in syndromischem sowie in manchen Fällen von idiopathischem Autismus spielt.

Chinesische Wissenschaftler haben diese Beobachtung zum Anlass genommen, genetisch veränderte Affen (Langschwanzmakaken) zu züchten, die eine oder bis zu sieben zusätzliche und funktionsfähige Kopien des MECP2 Gens enthalten und auch auf Folgenera-

tionen vererben. Wie beinahe zu erwarten war, zeigen die Affen ASS Symptomatik, sie rennen zwanghaft im Kreis, nehmen andere Affen nicht zur Kenntnis, und knurren ängstlich, wenn sie angeschaut werden (Cyranoski, 2016; Liu et al., 2016).

Während vermutlich nicht jeder Leser diese Züchtungen mit Applaus bedenken wird, muss man den Forschern zugutehalten, zu erproben, wie nützliche Tiermodelle für genaue Erforschung von ASS Krankheitsmechanismen oder gar für die Entwicklung von Medikamenten gegen ASS und verwandte Krankheiten aussehen könnten.

5.2 Fragiles-X-Syndrom. Verlust von FMRP, einem neuronalen mRNA Transporter, führt zu einem Syndrom mit ASS Symptomatik

Tab. 3: Typische Symptome beim Fragilen-X-Syndrom

Erkrankung	Typische Symptome
Fragiles-X-Syndrom	• Verlängertes Gesicht, abstehende Ohren, vergrößerte Hoden • Lern und geistige Behinderung • Soziale Ängstlichkeit • Zum Teil autistische Verhaltensweisen wie z. B. repetitives Händeschlagen

Das Fragile-X-Syndrom ist nach dem Down-Syndrom die häufigste genetisch bedingte geistige Behinderung. Neben milden bis schweren Lernbehinderungen und kognitiven Beeinträchtigungen

5.2 Fragiles-X-Syndrom

gehören zum Krankheitsbild ein verlängertes Gesicht und große abstehende Ohren und bei männlichen Patienten vergrößerte Hoden (▶ Tab. 3). Etwa 50 % aller Patienten zeigen ASS Symptomatik wie repetitives Händeschlagen und soziale Ängstlichkeit. Das Fragile-X-Syndrom tritt mit einer Häufigkeit von etwa 1 : 4.000 bei männlichen und 1 : 8.000 bei weiblichen Neugeborenen auf.

Wie bei dem vorigen Beispiel wurde auch bei diesem Syndrom zunächst mikroskopisch eine Veränderung des X-Chromosoms bemerkt, später gefolgt von der molekularen Entdeckung des FMR1 Gens, das in der veränderten chromosomalen Region kodiert ist (Verkert et al., 1991). Das FMR1 Gen mutiert durch einen eigenartigen Mechanismus. Dem Gen vorgeschaltet ist eine Abfolge der drei Nukleotide CGG, die sich bei einem gesunden Menschen 5 bis etwa 40 mal wiederholt (also CGGCGGCGG usw.), aber bei Patienten mit Fragilem-X-Syndrom gar über 200 mal. Welche funktionellen Konsequenzen kann das haben? Das Dinukleotid CG, das natürlich in CGG enthalten ist, ist bekannt als wichtigste Zielgruppe der Methylierung von DNA, also ihrer epigenetischen Veränderung. Methylierte DNA bindet Repressoren, wie etwa das im Kapitel über das Rett-Syndrom beschriebene MeCP2. Eine kurze CGG Wiederholung bietet nur Platz für wenige Repressoren, eine lange für viele.

> Ein Individuum wird zum Fragilen-X-Syndrom Patienten, wenn eine lange CGG Wiederholung das FMR1 Gen abschaltet (▶ Abb. 4).

Und was sind die Konsequenzen von all dem? Das Protein, das von FMR1 kodiert ist, FMRP genannt, bindet verschiedene neuronen-spezifische mRNAs und reguliert ihren Transport aus dem Zellkern und ihre Speicherung außerhalb des Zellkerns vor

5 Beispiele fünf gut verstandener Gene

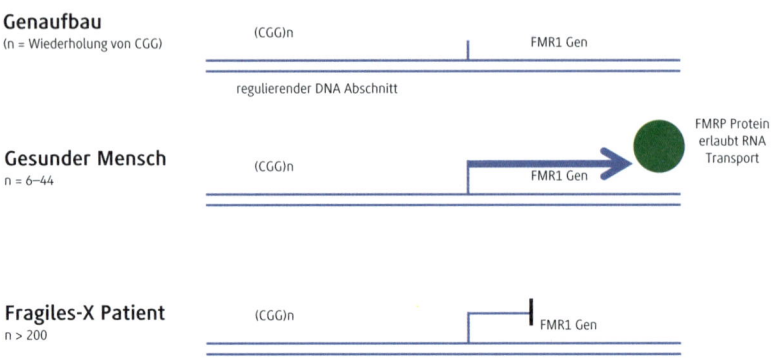

Abb. 4: Fragiles-X-Syndrom: Vervielfachung von CGG vor FMR1 Gen schaltet RNA Transporter ab

Übersetzung in das kodierte Protein. Nach FMRP Ausfall sind diese Funktionen in Nervenzellen behindert mit der Folge neuronaler, speziell synaptischer Fehlfunktionen, was zur Symptomatik des Fragilen-X-Syndroms führt.

Obwohl FMR1 genau wie MECP2 auf dem X-Chromosom lokalisiert ist, folgt das Krankheitsbild nicht demselben Erbgang wie das Rett-Syndrom, und es gibt sowohl männliche als auch weibliche Fragile-X-Syndrom-Patienten. Die mutierte Form des FMR1 Gens, die oft mehr als 200 Wiederholungen der CGG Sequenz hat, entsteht anscheinend bei der Eizellentwicklung bei Frauen, die zwar keine Symptome zeigen, aber bereits 50 bis 200 Wiederholungen haben, was als Prämutation bezeichnet wird.

> Die Identifizierung der Prämutation spielt in der humangenetischen Beratung von Familien mit Fragilem-X-Syndrom-Patienten eine Rolle, um asymptomatische Mütter zu identifizieren, die eine hohe Wahrscheinlichkeit haben, Kinder mit Fragilem-X-Syndrom zu gebären.

5.3 Tuberöse Sklerose. Mutationen von TSC1 oder TSC2, zwei Signalproteinen mit Tumor-Suppressor-Eigenschaften, führen zu einem Syndrom mit ASS Symptomatik

Tab. 4: Typische Symptome der Tuberösen Sklerose

Erkrankung	Typische Symptome
Tuberöse Sklerose	• Tumore der Haut und anderer Organe • Lern- oder geistige Behinderung • Epilepsien • Autistische Verhaltensweisen

Die Tuberöse Sklerose ist eine Erbkrankheit, die durch die Bildung zahlreicher gutartiger aber zum Teil lebensbedrohender Tumoren der Haut, des Hirns, und anderer Organe charakterisiert ist. Die Krankheit geht mit epileptischen Anfällen und verschiedenen geistigen Entwicklungsstörungen einher, die bei etwa 50 % aller Patienten ASS Charakter haben (▶ Tab. 4). Die Prävalenz der Krankheit liegt bei etwa 1 : 6.000 Menschen.

Tuberöse Sklerose Patienten haben Mutationen entweder im Gen TSC1 (Tuberous Sclerosis Complex 1) oder TSC2. Diese Gene kodieren für die Proteine Hamartin und Tuberin. Diese Proteine blocken eine komplexe Signalkette über den wichtigen »Schalter« mTOR. Bei Verlust von TSC1 oder TSC2 stimuliert mTOR ungehemmtes Wachstum von Tumorzellen und Nervenzellen, und führt so zu dem Krankheitsbild der Tuberösen Sklerose (▶ Abb. 5). Die Krankheit wird dominant vererbt, d. h.

eine mutierte Kopie eines der beiden Gene reicht um die Krankheit zu verursachen. Etwa ein Drittel aller Patienten erbt das defekte Gen von einem der Eltern, bei zwei Dritteln tritt die Mutation in der Keimbahn auf (Janssen et al., 1994).

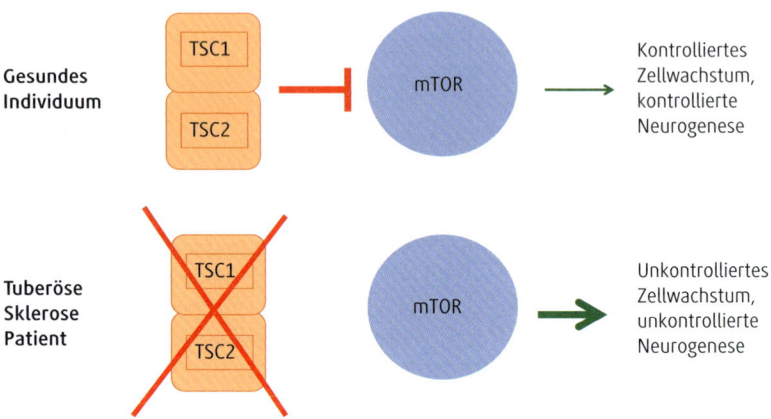

Abb. 5: Verlust der Repression von mTOR durch TSC1 oder TSC2 in Tuberöse Sklerose-Patienten führt zu Kontrollverlust über Zellwachstum und Neurogenese

 Mäuse mit experimentell erzeugten Mutationen in TSC1 und TSC2 zeigen Epilepsie, kognitive Defizite, und ASS-ähnliche Symptomatik. Mausmodelle mit TSC1 Mutation ermöglichen pharmakologisch wichtige Experimente. So wie TSC1 und TSC2 mTOR blockieren können, tut das auch ein etabliertes Pharmazeutikum, Rapamycin. Und tatsächlich werden auch die Verhaltensdefizite der mutierten Mäuse durch Rapamycin korrigiert (Tsai et al., 2012). Rapamycin hat für Tuberöse Sklerose Patienten klinische Bedeutung erlangt, allerdings vor allem zur Behandlung von Tumoren, nicht der ASS Symptomatik.

5.4 Phelan-McDermid-Syndrom. Verlust von SHANK3, einem synaptischen Strukturprotein, führt zu einem Syndrom mit ASS Symptomatik

Tab. 5: Typische Symptome beim Phelan-McDermid Syndrom

Erkrankung	Typische Symptome
Phelan-McDermid Syndrom	• Vielgestaltige Veränderungen von Schädel und Gesichtsmorphologie • Geistige Behinderung • Mangelnde Sprachentwicklung • Zum Teil autistische Verhaltensweisen

Das Phelan-McDermid Syndrom ist seltener als die drei bisher diskutierten Syndrome. Die Symptomatik ist vielgestaltig. Charakteristisch sind generelle Entwicklungsverzögerungen mit geistiger Behinderung, mangelnder Sprachentwicklung und Muskelhypotonie. Ein hoher Anteil der Patienten zeigt ASS Symptomatik (▶ Tab. 5). Patienten mit diesem Syndrom haben eine Deletion im Chromosom 22, weshalb die Krankheit auch als 22q13.3 Deletionssyndrom bezeichnet wird. Die Deletion kann mehrere Gene betreffen, wobei aber das Gen SHANK3 für die Krankheitsursachen am wichtigsten ist (▶ Abb. 6).

SHANK3 kodiert für ein synaptisches Protein. Es ist beteiligt an Verbindungen zwischen Membranproteinen und Strukturelementen, etwa dem Aktin-Zellskelett der Nervenzelle. Der Verlust des SHANK3 Proteins führt also zu einer defekten Funktion der Synapse. Unter den fünf hier vorgestellten Formen von syndromischem Autismus ist die SHANK3 Mutation das einzige

5 Beispiele fünf gut verstandener Gene

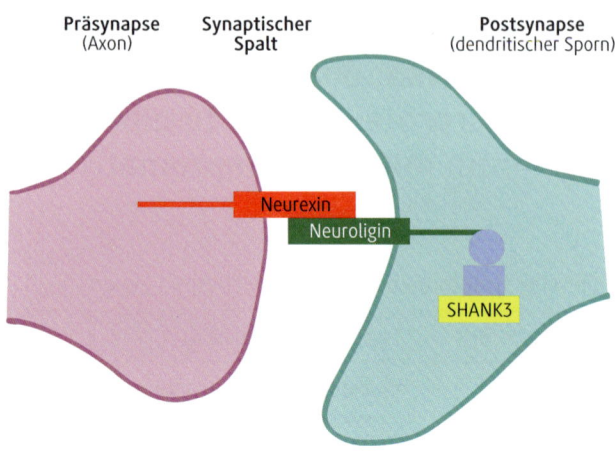

Abb. 6: Synaptische Position von SHANK3 (Phelan-McDermid-Syndrom), Neurexin und Neuroligin (zwei ASS-Risikogene, ▸ Kap. 6.1)

Beispiel, bei dem unmittelbar eine neuronale Struktur und nicht ein Mechanismus der Genregulation betroffen ist. SHANK3 ist auch in typischen Patienten mit ASS mutiert gefunden worden (▸ Kap. 6.1). In denselben Studien wurden drei andere ASS-Risikogene (Neuroligin 3 und 4 und Neurexin) identifiziert, die für Proteine kodieren, die miteinander und mit dem SHANK3 Protein wechselwirken (▸ Abb. 6).

Interessant sind auch hier Tiermodelle: Mäuse mit mutiertem SHANK3 Gen haben synaptische Defekte, die zu ASS Symptomatik (soziale Defizite, Wiederholungsverhalten) führen. In einer Maus, in der man die SHANK3 Expression wiederherstellen kann, verbessert sich die Zusammensetzung der Synapse und die ASS Symptomatik normalisiert sich (Mei et al. 2016).

5.5 Angelman-Syndrom. Veränderte Expression von UBE3A, einem Regulator des Abbaus von Proteinen, führt zu einem Syndrom mit ASS Symptomatik

Patienten mit Angelman-Syndrom zeigen Entwicklungsverzögerungen, geistige Behinderung, Koordinations- und Sprachstörungen, und epileptische Anfälle. Mehr als die Hälfte aller Patienten hat eine ASS Symptomatik, allerdings mit positiver Grundstimmung (▶ Tab. 6). Die Krankheit tritt in etwa einem von 12.000 Individuen auf.

Tab. 6: Typische Symptome beim Angelman-Syndrom

Erkrankung	Typische Symptome
Angelman Syndrom	◆ Geistige Behinderung ◆ Koordinationsstörungen ◆ Sprachstörungen ◆ Epilepsie ◆ Autistische Verhaltensweisen

Das Angelman-Syndrom wird verursacht durch Mutation und Funktionsverlust des UBE3A Gens (Ubiquitin-Protein Ligase 3a). Der Name besagt, dass das UBE3A Protein das Molekül Ubiquitin auf andere Proteine überträgt. Eine solche Ubiquitin-Markierung ist ein Signal an die Zelle, dieses Protein abzubauen. Zu wenig UBE3A Protein führt zu geringem Abbau von unerwünschten Proteinen und ihrer exzessiven Verfügbarkeit. Das UBE3A Gen hat eine Funktion in allen Zellen des Körpers, ist aber anscheinend besonders wichtig für den Umbau von Synapsen.

Angelman Patienten haben im typischen Fall ein funktionsfähiges UBE3A Gen des Vaters, und ein mutiertes Gen von der Mutter. Aufgrund eines Prozesses, der »*genomische Prägung*« heißt, wird in manchen Hirnregionen (Zerebellum und Hippokampus) nur das von der Mutter geerbte UBE3A Gen exprimiert. Wenn dieses Gen nun mutiert ist oder ganz fehlt, existiert in diesen Hirnregionen kein UBE3A Protein, es kommt zu einem defekten Umbau der Synapsen, und zu neuronalen Fehlfunktionen (▶ Abb. 7).

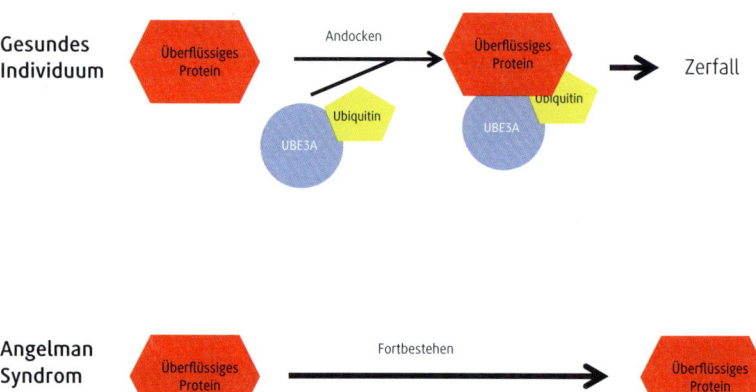

Abb. 7: Verlust von UBE3A führt zu exzessiver Verfügbarkeit überflüssiger Proteine

Die UBE3A-Geschichte ist hier noch nicht zuende. Wie beschrieben führt der Ausfall des UBE3A Gens zu Angelman-Syndrom. Überraschenderweise sind aber auch Patienten mit klassischem ASS mit Verdopplungen und Verdreifachungen des UBE3A Gens gefunden worden, d. h. ein Zuviel des UBE3A Proteins, und damit ein exzessiver Abbau von Zielproteinen führt ebenfalls zu neuronalen Schäden.

Es ist sogar ein ASS Patient gefunden worden, der einen Austausch einer einzigen Aminosäure des UBE3A Proteins hatte, die normalerweise das Abschalten des UBE3A Proteins ermöglicht. Mit dieser Mutation war UBE3A nicht mehr abschaltbar und kontinuierlich aktiv (Yi et al., 2015). Der Austausch einer einzigen Aminosäure in einem einzigen Protein kann also ausreichen, um zum Krankheitsbild ASS zu führen.

5.6 Was kann man von diesen fünf syndromischen Formen von ASS lernen?

Wie zu Beginn dieses Kapitels erwähnt, sind etwa 40 Gene bekannt, bei deren Mutation ASS als Begleiterkrankung auftritt. Fünf Beispiele sind ausgewählt worden, weil sie zu den bestuntersuchten dieser Syndrome gehören. Was können wir von diesen Beispielen lernen?

> Patienten mit einem dieser Syndrome haben einen Defekt in einem einzelnen Gen. Dieser Defekt führt zu einem charakteristischen Krankheitsbild, das in einem großen Anteil der Patienten ASS Symptomatik einschließt.

Das heißt, eine Diagnose, die im Wesentlichen auf dem Krankheitsbild beruht, reicht aus, Krankheiten mit derselben erblichen

Ursache zu klassifizieren. Dies ist nicht selbstverständlich: Wie im folgenden Kapitel diskutiert wird, ist das bei Patienten mit der Primärdiagnose ASS, also idiopathischem Autismus, nicht der Fall.

Auch könnte man sich fragen, ob die ASS Symptomatik auf Defekten in einer kleinen Gruppe von Mechanismen beruht. Die Antwort darauf ist fraglos »nein«. Nur eins der fünf Syndrome wird ausgelöst durch den Defekt in einem Protein mit strikt neuronaler Funktion, nämlich SHANK3. Dagegen beruhen die anderen vier Syndrome auf generellen regulativen Defekten, nämlich der epigenetischen Genregulation (MECP2), des RNA Transports (FMR1), intrazellulärer Signalketten (TSC1 und 2), und des Protein-Abbaus (UBE3A). Die ASS Symptomatik beruht natürlich auf Fehlfunktionen dieser regulativen Mechanismen in Neuronen. Neuronale Schäden sind aber nur ein Teil der Krankheitsbilder, da bei Patienten aller fünf Syndrome auch nichtneurologische Veränderungen auftreten, wie veränderte Kopf- oder Gesichtsstrukturen.

Die äußerst unterschiedlichen Funktionen der Gene, die bei syndromischem Autismus eine Rolle spielen, machen es wahrscheinlich, dass die Suche nach den Erbfaktoren des idiopathischen Autismus noch komplizierter werden könnte.

6 Suche nach ASS-Risikogenen in idiopathischen ASS Patienten

6.1 Chromosomale Veränderungen deuten auf Mutation spezifischer Gene

Wie oben diskutiert, wird das Krankheitsbild ASS anhand von Verhaltensauffälligkeiten beschrieben. Das ist historisch bedingt und medizinisch weiterhin praktikabel. Es zeichnet sich jedoch ab, dass »stereotype Bewegungen«, »gestörte soziale Interaktion« und anderes ASS-typisches Verhalten nicht als präzise Biomarker zu einer Klassifizierung taugen, die auf ASS Ursachen gebaut ist.

> Wie schon der Ausdruck »Autismus-Spektrum« nahelegt, umfasst ASS zahlreiche Krankheitsbilder mit möglicherweise sehr unterschiedlichen Ursachen.

Und während die Molekulargenetik noch einen weiten Weg zu gehen hat bis zu einem präzisen Verständnis der ASS Ursachen, sind die Durchbrüche, die in den letzten wenigen Jahren erzielt wurden, schlicht überwältigend. In den folgenden Abschnitten soll deshalb beschrieben werden, wie nach ASS-Risikogenen gesucht wird und welche Erfolge sich dabei eingestellt haben.

Die ersten ASS-Risikogene in idiopathischen ASS Patienten wurden 2003 von einem Konsortium französischer und schwedischer Wissenschaftler beschrieben (Jamain et al., 2003). Die Familienstudien dieser Forscher basierten auf der vorherigen Beobachtung von mikroskopisch sichtbaren Defekten des X-Chromosoms an zwei spezifischen Positionen (Xp22.3 und Xp13) in drei ASS Patienten. Eine molekulare Untersuchung dieser chromosomalen Bereiche hatte zur Entdeckung der Gene NLGN3 und NLGN4, Vertreter der Neuroligin-Familie, geführt. *Neuroligine* sind Zell-Adhäsionsproteine, die notwendig sind für zwischenzellulären Bindungen und die Funktion von Synapsen (▶ Abb. 6). Man fragte sich nun, wie häufig derartige Mutationen in Kohorten von Familien mit ASS Patienten auftreten und wie sie vererbt werden.

Die Forscher untersuchten NLGN3 und NLGN4 in 158 autistischen Geschwisterpaaren und entdeckten eine NLGN4 Mutation (Verkürzung des Proteins) in einem Brüderpaar. Die Analyse der Eltern zeigte, dass die Mutation »de novo« (in der wissenschaftlichen Literatur beliebte lateinische Bezeichnung für »neu«) in der Mutter aufgetreten war. Da die Mutter natürlich zwei X-Chromosomen besaß, eins mit einem intakten Allel, trat bei ihr keine ASS Symptomatik auf, während die Söhne nur das defekte NLGN4 Gen erbten. Interessanterweise hatte einer der Söhne typischen Autismus, der andere Asperger-Symptomatik. Dieselbe Verteilung der Krankheitsbilder zwischen zwei Brüdern und Vererbung seitens der Mutter wurde in derselben Studie in einer zweiten Familie gefunden, die aber diesmal mit einer Punktmutation im NLGN3 Gen der ASS Patienten zusammenfiel. In einer späteren Studie von Familien mit zwei Autisten fanden dieselben Forscher Mutationen im SHANK3 Gen, das uns bereits in einer Form des syndromischen Autismus (bei dem Phelan-McDermid-Syndrom) begegnet ist, und das ebenfalls für ein synaptisches Strukturprotein kodiert. Die Forscher schließen aus diesen Ergebnissen, dass Mutation von NLGN3, NLGN4 und SHANK3 zu synaptischen Defekten führen und neuronale Kommunikationsprozesse beinträchtigen.

Die Geschichte dieses Mechanismus lässt sich noch erweitern: Neuroligine stellen *postsynaptische* Verbindungen her mit Partnermolekülen auf der *präsynaptischen* Seite, darunter Neurexine, die vom NRXN1 Gen kodiert werden. Mutation des NRXN1 Gens konnte in zwei autistischen Schwestern nachgewiesen werden.

Die funktionellen Verbindungen der beiden Neuroligine, Neurexin und SHANK3 legen nah, dass synaptische Defekte zu ASS Symptomatik führen, wobei der Primärdefekt aber sehr unterschiedliche synaptische Bausteine betreffen kann (Brose, 2007). Diese frühen Entdeckungen der ersten ASS-Risikogene ließen bereits ein zentrales Konzept der molekularen ASS Ursachen erahnen, das sich in den Studien der letzten Jahre bestätigt hat. Die Proteine, die von ASS-Risikogenen kodiert sind, sind häufig Bestandteile von komplexen Funktionseinheiten. Und während die Zahl der ASS-Risikogene, wie wir sehen werden, sehr groß ist (nämlich hunderte), ist die Zahl der funktionellen Einheiten überschaubar (maximal einige Dutzend).

6.2 Moderne DNA Sequenziertechniken führen zur Entdeckung von Keimbahnmutationen und Identifizierung von hunderten von ASS-Risikogenen

Die Entdeckung von NLGN3 und NLGN4 als ASS-Risikogene war ein großer Erfolg, ließ aber gleichzeitig immense Probleme der genetischen Erforschung von ASS erahnen, und zwar aus folgendem Grund: Nur zwei von 158 untersuchten Familien waren von Mutationen in diesen beiden Genen betroffen. Es stellt sich natürlich die Frage, ob dies eine Verallgemeinerung zulässt. Erklären NLGN3 und NLGN4 Mutationen ganz generell nur etwa 1 % aller ASS Fälle? Welche Gene sind dann in den übrigen 156 Familien betroffen? Sind das viele andere Gene? Erklärt jedes von ihnen ebenfalls nur einen kleinen Bruchteil von ASS Fällen? Wie findet man diese Gene, ohne durch zufällige Beobachtungen wie Veränderung der Chromosomenstruktur geleitet zu werden?

Um diese Fragen zu beantworten, mussten Möglichkeiten geschaffen werden, nicht ein Gen nach dem anderen zu analysieren, sondern alle 20.000 Gene des menschlichen Genoms gleichzeitig. Dies war noch um die Jahrtausendwende unmöglich. Aber in den letzten Jahren sind DNA Sequenziertechnologien entwickelt worden, die genau dieses Problem lösen und mit denen das gesamte menschliche Genom mit vertretbarem Aufwand analysiert werden kann. So können die proteinkodierenden Abschnitte, die etwa 1 % des Genoms ausmachen (*whole exome sequencing, WES*), in wenigen Stunden und mit Kosten von einigen hundert US-Dollar pro Genom bestimmt wer-

6.2 Moderne DNA Sequenziertechniken

den (z. B. Next-Generation-Sequencing Plattform der Firma Illumina).

> In den letzten Jahren ist es möglich geworden, alle Gene eines Menschen kostengünstig und in wenigen Stunden auf einmal zu sequenzieren.

Um eine erfolgversprechende Suche nach ASS-Risikogenen anzugehen, war es zusätzlich notwendig, große Sammlungen klinischen Materials (orale Abstriche, Speichel) von ASS Patienten anzulegen. Auch musste das Material der Patienten zu Vergleichszwecken durch ähnliches Material von Eltern, gesunden Geschwistern und/oder ASS symptomatischen Geschwistern ergänzt werden. Dieses Ziel wurde systematisch verfolgt und entsprechende Sammlungen stehen der Forschung mittlerweile zur Verfügung (z. B. Autism Genome Project; Autism Sequencing Consortium; Simons Simplex Collection von SFARI, der Simons Foundation Autism Research Initiative – diese letztere umfasst z. B. Material von mehr als 2.500 Familien).

Nicht nur diese technischen und organisatorischen Hürden mussten genommen werden, sondern es benötigte auch Strategien zur Bewältigung der Datenmenge. Da ist z. B. die Tatsache, dass das Genom jedes Menschen voll ist mit kleinen Abweichungen von einem willkürlich ausgesuchten Referenzgenom. Im Durchschnitt gibt es Abweichungen zwischen zwei Individuen an etwa einer von 1.000 Nukleotidpositionen. Insgesamt sind das mehrere Millionen Unterschiede zwischen den Genomen zweier Menschen. Solche Abweichungen an einer spezifischen Position des Genoms werden als *Varianten* oder *Polymorphismen* bezeichnet, wobei häufig die Abkürzung *SNP* benutzt wird (▶ Abb. 1). Es existieren heute Kataloge aller SNPs, die je beim Sequenzieren menschlicher Gene entdeckt worden sind. Die meisten dieser SNPs sind bisher nicht in Verbindung mit irgendeinem Phänotyp gebracht worden – speziell auch nicht mit dem Krankheitsbild ASS.

> Angesichts mehrerer Millionen SNPs ist es immens schwierig, unwichtige Varianten von solchen zu unterscheiden, die für ein Krankheitsbild relevant sind.

Die Bewertung solcher SNPs ist notwendig, wenn man davon ausgeht, dass Autismus eine echte Erbkrankheit ist, d.h. auf Genvarianten beruht, die bereits in den Eltern vorliegen. Mit dieser Möglichkeit werden wir uns allerdings erst später befassen (▶ Kap. 6.6).

Der größte Durchbruch in Richtung des Ziels, ASS-Risikogene zu identifizieren, gelang allerdings durch die Überlegung, dass viele ASS Fälle vielleicht nicht durch Variationen bedingt sind, die bereits in den Körperzellen der Eltern vorhanden sind. Stattdessen könnten sie erst in der Keimbahn, also bei der Entwicklung von Eizellen und Spermien, entstanden sein. Dieses wäre vergleichbar zu den fünf Formen des syndromischen Autismus. Autismus wäre dann zwar im Erbmaterial verankert, aber keine Erbkrankheit im strikten Sinn. Strategisch bietet diese Überlegung einen immensen Vorteil. Man braucht nicht Millionen von Gen-Varianten mit unbekannter Funktion zu bewerten, sondern nur nach Genen zu suchen, die bei Patienten mit ASS defekt, aber in Eltern oder gesunden Geschwistern intakt sind. Eine solche Suche ist zwar immer noch aufwendig, verläuft aber mit Hilfe von computergestützter Auswertung recht geradlinig. Solche neuen Mutationen sind dann erstklassige Kandidaten für ASS Ursachen.

6.2 Moderne DNA Sequenziertechniken

Um die Wahrscheinlichkeit zu erhöhen, Patienten mit derartigen Mutationen zu finden, kann man diese Strategie mit einer zweiten kombinieren, nämlich die Suche auf Familien zu fokussieren, die nur **ein** autistisches Kind haben (in der Fachliteratur als *Simplex Familien* bezeichnet).

> Wenn ein Elternpaar nur ein Kind mit ASS, aber auch gesunde Kinder, geboren hat, besteht eine erhöhte Wahrscheinlichkeit, dass die ASS Mutation in Spermien oder der Eizelle stattfand, nicht aber im Körper der Eltern zu finden ist.

Offensichtlich ist es unwahrscheinlich, dass gleich zwei autistische Kinder in einer Familie durch das Zufallsereignis von Mutationen in der Keimbahn entstehen.

Mehrere große Projekte zur Suche nach neuen Mutationen sind in den letzten Jahren von verschiedenen Gruppen von Wissenschaftlern in die Tat umgesetzt worden und haben zu bahnbrechenden Veröffentlichungen geführt (Neale et al., 2012; O'Roak et al., 2012; Sanders et al., 2012; de Rubeis et al., 2014; Iossifov et al., 2014).

> Die Arbeiten bestätigen, dass tatsächlich ein beträchtlicher Teil (aber nicht die Mehrzahl!) aller ASS Fälle auf neuen Mutationen in der Keimbahn der Eltern beruhen, wobei die gemessenen Häufigkeiten in verschiedenen Studien bis etwa 25 % reichen.

Die ersten bahnbrechenden Untersuchungen zielten auf die Suche von mikroskopisch beobachtbaren großen Deletionen und Duplikationen (CNVs, ▶ Abb. 1). Aber bereits wenige Jahre später war es möglich, kleine, nur durch Sequenzierung entdeckbare CNVs zu finden sowie Punktmutationen mit völligem Funktionsverlust (*loss of function*) oder einer veränderten Funktion (*missense*). Gleiche Ergebnisse verschiedener Wissenschaftler-Teams erhöhten die Glaubwürdigkeit der eingesetzten Strategien.

Je nachdem, wie häufig ASS-Risikogene gefunden und detailliert untersucht worden sind, kann man sie in unterschiedlich stabile Gruppen einteilen. Diese Gruppen sind überschaubar dargestellt auf der Website von SFARI (https://gene.sfari.org/autdb/GS_Home.do) und in Kategorien wie »*high confidence, strong candidate, suggestive evidence,*« usw. eingeteilt. In den beiden striktesten Kategorien (»high confidence« und strong candidate«) befinden sich mehr als 60 ASS-Risikogene, insgesamt listet diese Sammlung etwa 600 Gene.

> Führende Experten haben geschlussfolgert, dass Mutationen in mehr als 1000 Genen die Entwicklung von ASS beeinflussen können.

Um ein Missverständnis zu vermeiden: In einem spezifischen Individuum, das durch eine neue Mutation zum ASS Patienten wurde, ist meist nur eines dieser Gene betroffen.

1000 ASS-Risikogene? Diese Zahl muss man erst einmal wirken lassen: Unser Genom hat etwa 20.000 Gene, also können Mutationen in etwa 5 % aller menschlichen Gene zu einer ASS Symptomatik führen. Insgesamt bestätigt dieses Ergebnis die Vermutung, dass ASS ein Sammelbegriff ist, der molekular sehr unterschiedliche Krankheiten umfasst. Wenn diese molekularen Ursachen einmal umfassend verstanden sind, wird das erhebliche Konsequenzen für die Klassifizierung von ASS haben.

Der kritische Leser wird über eine genetische Gegebenheit stolpern: Jeder Mensch hat von den meisten Genen (außer im

Mann die Gene der X- und Y-Geschlechtschromosomen) zwei Kopien. Wie kann da die Mutation in einem der beiden Allele so gravierende Konsequenzen haben, wo doch noch das Genprodukt des intakten Allels vorhanden ist? Die Antwort darauf ist noch immer nicht gut verstanden. Das mutierte Gen könnte funktionell dominant über das normale Gen sein, wie an einer Mutation des UBE3A Gens (▶ Abb. 6, ▶ Kap. 5.5) erklärt worden ist. Oft mag aber der Phänotyp eines Gens von der Dosierung des kodierten Proteins abhängen. Ein intaktes Gen und ein mutiertes Gen produzieren zusammen nur 50 % der Menge des korrekten Proteins und diese verringerte Menge mag oft nicht ausreichen für die normale Funktion (Fachausdruck: *Haploinsuffizienz*).

6.3 Beispiele von ASS-Risikogenen

Welche molekularen Funktionen sind nun von ASS-Risikogenen betroffen? Eng verallgemeinert können die Proteine, die von ASS-Risikogenen kodiert werden, in drei Gruppen eingeteilt werden:
1. Proteine, die die Struktur und Funktion von Neuronen beeinflussen, speziell Synapsen, z. B. Adhäsionsproteine, Ionenkanäle, Signalketten.
2. Transkriptionsfaktoren, also Proteine, die die spezifische Expression neuronal relevanter Gene regulieren.
3. Bestandteile des Chromatins, also Proteine, die ebenfalls die Expression neuronal relevanter Gene regulieren, aber auf einem allgemeineren epigenetischen Niveau.

6 Suche nach ASS-Risikogenen in idiopathischen ASS Patienten

Erstaunlicherweise ist die erste Gruppe die kleinste.

> 10 bis 20 % aller ASS Mutationen betreffen Proteine, die unmittelbar neuronale, speziell synaptische Funktion haben. Die Mehrzahl der Produkte von ASS-Risikogenen agiert auf dem Regulationsniveau und kontrolliert andere Gene, die eine neuronale Funktion haben.

Eine vollständige Liste von etwa 600 ASS-Risikogenen findet sich auf der genannten Website von SFARI (https://gene.sfari.org/¬autdb/GS_Home.do). Diese Webseite enthält detaillierte Informationen über:
- die normalen Funktionen jedes Gens,
- die genauen Mutationen, die bei Patienten gefunden wurden,
- den Phänotyp von Tiermodellen, an denen diese Mutationen getestet wurden,
- alle Genvarianten (SNPs) (auch solche, die ohne Kenntnisse möglicher ASS Symptomatik existieren),
- das Auftreten in anderen psychiatrischen Erkrankungen,
- Zitate der gesamten Primärliteratur.

In Tab. 7 (► Tab. 7) werden einige der wichtigsten dieser Gene nach ihrer Funktion geordnet dargestellt. Alle aufgeführten Gene wurden als neue Mutationen bei ASS Patienten gefunden und waren beim jeweiligen Patienten vermutlich entscheidend für die Entwicklung des Krankheitsbildes. Die Tabelle erhebt keinen Anspruch auf Vollständigkeit. Sie enthält nur einige wenige Charakteristika mit dem Ziel, einen möglichst kompakten Eindruck davon zu vermitteln, wie detailliert unser Wissen bereits ist. Zahlreiche Abkürzungen und ein Minimum an wissenschaftlichem Jargon sind leider unvermeidbar, ihr Verstehen für spätere

Kapitel dieses Buchs aber nicht notwendig. Der vollständige Name aller Gene ist im Glossar gelistet.

Tab. 7: Überblick über eine Auswahl der wichtigsten ASS-Risikogene

Gen	Charakteristika	Tiermodell
Synaptische Adhäsion und postsynaptische Dichte		
ANK2	Strukturprotein, das neuronale Membranproteine mit dem Zellskelett verbindet	Mutation des ANK2 Gens in Mäusen führt zu hirnorganischen Schäden
NLGN3	Postsynaptisches Adhäsionsprotein (▶ Kap. 6.1)	NLGN3 mutierte Mäuse zeigen veränderte synaptische Funktionen verbunden mit gestörten sozialen Interaktionen.
NRXN1	Präsynaptisches Adhäsionsprotein (▶ Kap. 6.1)	Mäuse mit mutiertem NRXN1 Gen zeigen Veränderungen bei verschiedenen neurophysiologischen Tests.
Synaptische Ionenkanäle		
GRIN2B	Subtyp eines Glutamatabhängigen Ionenkanals (NMDA Rezeptor)	Mäuse mit GRIN2B Ausfall nach der Geburt entwickeln Lernstörungen.
SCN2A	Untereinheit eines spannungsabhängigen Calcium-Kanals (Verbreitung von neuronalen Aktionspotentialen)	SCN2A ist für die Embryonalentwicklung redundant aber essentiell für das postnatale Überleben.

Tab. 7: Überblick über eine Auswahl der wichtigsten ASS-Risikogene
— Fortsetzung

Gen	Charakteristika	Tiermodell
Intrazelluläre Signale		
DYRK1A	Eine Proteinkinase, d. h. ein Protein das auf andere Proteine Phosphatgruppen überträgt und dabei das Zellwachstum reguliert. DYRK1A ist auch beteiligt an Lerndefekten von Down-Syndrom-Patienten.	Mäuse mit DYRK1A Mutation zeigen veränderte neuromotorische Entwicklung, Lernen und Gedächtnis.
Transkriptionsfaktoren		
ADNP	Transkriptionsfaktor mit zentralnervösen und systemischen Funktionen	Mutation in beiden Kopien des ADNP Gens im Maus-Modell sind embryonal tödlich. Mäuse mit Mutation in einer Kopie des Gens sind verhältnismäßig normal, zeigen aber frühes Absterben ihrer Neuronen.
TBR1	Transkriptionsfaktor, der wichtig ist für die Differenzierung von Neuronen	Mäuse mit Mutation beider TBR1 Allele sterben kurz nach der Geburt mit Fehlentwicklungen des Vorderhirns.
FOXP2	Transkriptionsfaktor, beeinflusst andere ASS-Risikogene (SRPX2, CNTNAP2, MET, DISC1),	Mäusebabies mit reduzierter SRPX2 Expression (von FOXP2 reguliert) rufen nicht nach der Mutter, wenn sie getrennt

6.3 Beispiele von ASS-Risikogenen

Tab. 7: Überblick über eine Auswahl der wichtigsten ASS-Risikogene – Fortsetzung

Gen	Charakteristika	Tiermodell
	die Verbindungen zwischen Dendriten und Synapsen kontrollieren. Notwendig für die Entwicklung der Sprechfähigkeit (*developmental verbal dyspraxia*). Populär manchmal bezeichnet als das »Sprachgen«. Mangelnde Sprache in ASS Patienten weist aber nicht auf FOXP2 Mutation hin, sondern kann viele andere genetische Ursachen haben.	werden. Defekt von FOXP2 in Singvögeln führt dazu, dass die Jungvögel den Gesang des Vaters unvollständig imitieren (Sia et al., 2013; Heston & White, 2015).
Chromatinmodifizierung und Interaktion mit Chromatin		
ARID1B	Chromatin-Umbildung	Noch kein Tiermodell
ASH1L	Methyliert Histon H2 und aktiviert dadurch Gen-Transkription	Noch kein Tiermodell
CHD8	Führt zu Veränderung von Chromatinstrukturen und Regulationen, die viele neuronale Gene betreffen. CHD8 Mutationen sind die häufigste genetische Veränderung, die bisher in ASS Patienten gefunden wurde	Mäuse mit einem intakten und einem defekten CHD8 Allel zeigen ASS Symptomatik (gesteigerte Ängstlichkeit, repetitives Verhalten, verändertes Sozialverhalten) als Folge einer verzögerten neuronalen Entwicklung des Mäuseembryos (Katayama et al., 2016)

> Zu den spannendsten Interpretationen von neuen Mutationen von ASS-Risikogenen gehört der Vorschlag, dass sie Subtypen von Autismus definieren.

So haben Wissenschaftler um E. Eichler an der University of Washington kleine Gruppen von Patienten identifiziert, bei denen entweder CHD8, oder DYRK1A, oder ADNP mutiert ist. Sie konnten eindeutige Unterschiede des Krankheitsbildes zwischen diesen drei Gruppen beschreiben.

- Patienten mit CHD8-Mutation leiden neben der Autismus-Symptomatik häufig unter Makrozephalie und starken Verdauungs- und Schlafstörungen (Bernier et al., 2014).
- Patienten mit DYRK1A-Mutation haben Mikrozephalie, geistige Behinderungen, Epilepsie, Ängstlichkeit und typische Gesichtszüge (Van Bon et al., 2016).
- Patienten mit ADNP-Mutation zeigen zusätzlich zu Autismus geistige Behinderung, völlig fehlende Sprache, und ein Gesicht mit einer hohen Stirn (Helsmoortel et al., 2014).

Der traditionellen Klassifizierung folgend sind alle drei Gruppen ASS-Patienten. Da die ASS Symptomatik in jeder Gruppe eine unterschiedliche Ursache hat, handelt es sich streng genommen um drei verschiedene Krankheiten, wobei die genannten drei Subtypen nur der Beginn einer neuen Klassifizierung sein könnten.

> Die Molekularbiologie ist auf dem Weg, unter dem Schirmbegriff ASS auf Ursachen beruhende Autismus-Subtypen zu klassifizieren.

6.4 Die Ätiologie von bis zu 25 % aller ASS-Patienten beruht auf neuen Gen-Mutationen in der Keimbahn, aber was ist mit den übrigen 75 %?

Die Suche nach neuen Mutationen hat zu stetig wachsenden Katalogen von ASS-Risikogenen geführt und ist fraglos der größte Erfolg der Autismus-Forschung des letzten Jahrzehnts. Er bringt Licht in die vorher so undurchschaubare Ursachensuche und macht es möglich alternative molekulare Mechanismen im Detail zu erforschen. Doch kann man nur etwa ein Viertel aller Patienten durch neue Mutationen in der Keimbahn erklären. Was verursacht dann ASS in der Mehrzahl aller Patienten? Betrachten wir vier denkbare Möglichkeiten:

1. ASS könnte in manchen Fällen verursacht sein durch Mutationen, die nicht den Abschnitt des Gens betreffen, der für das Protein kodiert. Dagegen könnten Mutationen DNA Sequenzen außerhalb des Gens verändern, die die Expression des Gens steuern (▶ Abb. 2 und ▶ Abb. 3 für Beispiele des Mechanismus).

2. ASS könnte durch Neukombination der Varianten verschiedener Gene verursacht sein. Die Genome zweier Menschen unterscheiden sich voneinander an etwa jedem eintausendsten Nukleotid, insgesamt an Millionen von Positionen. Die meisten dieser Unterschiede sind vermutlich bedeutungslos. Einige von ihnen betreffen aber wahrscheinlich ASS-Risikogene. Darunter sind anscheinend solche, die für sich genommen das ASS-Risiko nicht deutlich erhöhen, aber die neue Mischung der Genvarianten von Vater und Mutter könnte zu einem ASS-Risiko führen.

3. ASS könnte durch erbliche Faktoren verursacht werden, die nur in Wechselwirkung mit bestimmten Umweltfaktoren zu zum Krankheitsausbruch führen.
4. ASS könnte in manchen Fällen überhaupt nicht durch Erbfaktoren verursacht sein, sondern allein durch schädigende Umwelteinflüsse.

Die Möglichkeiten 1. und 2. werden in den folgenden Kapiteln 6.5 und 6.6 besprochen (▶ Kap. 6.5, ▶ Kap. 6.6), während uns die Problematiken von 3. und 4. im Kapitel 8 (▶ Kap. 8) wieder begegnen werden.

6.5 Mutationen in DNA Sequenzen außerhalb von ASS-Risikogenen?

Fast 99 % der menschlichen DNA kodiert nicht für Proteine. Früher wurden diese DNA-Sequenzen oft als »junk« (englisch für »Schrott«, oder »Krempel«) bezeichnet. In den letzten Jahren haben sich aber Beobachtungen gehäuft, dass eben diese DNA-Sequenzen tatsächlich wichtige, oft noch wenig erforschte Funktionen haben, vor allem bei der Regulation von Genen. Regulative Elemente (etwa Bindungsstellen für Transkriptionsfaktoren) sind bei einer Sequenzanalyse leider viel schwieriger zu erkennen als Protein-Kodierungen. Sie können nur mit mehreren aufwendigen Methoden gefunden werden. Eine der Voraussetzungen für ihre Entdeckung ist die aufwendige *WGS* Analyse (*whole genome sequencing*, d. h. die Sequenz aller 6 Milliarden Nukleotiden des menschlichen Genoms), bei der 100 mal mehr Nukleotide analysiert werden als bei den bisher diskutierten

6.5 Mutationen in DNA Sequenzen außerhalb von ASS-Risikogenen?

WES Studien (*whole exome sequencing*). Die Größe der Forschungsproblematik wird deutlich, wenn man sich die folgenden Fakten vorstellt:

> Man schätzt derzeit, dass die 20.000 Gene des menschlichen Genoms insgesamt durch etwa 15 Millionen regulative Elemente kontrolliert werden.

Das ist ein eindrucksvoller Regulationsapparat. Aber er eröffnet auch eine Menge Möglichkeiten, dass etwas bei der Genexpression »schief läuft«.

Trotz dieser erschwerten Bedingungen ist es möglich, die Genome von ASS Patienten mit WGS zu analysieren, auch wenn »Treffer« (also Mutationen, die vermutlich regulativ wichtig sind) schwieriger nachzuweisen sind. So ist die DNA von ASS Patienten der Simons Simplex Collection, die **keine** Genmutationen hatten, auf Mutationen in den DNA Sequenzen unmittelbar außerhalb von ASS-Risikogenen untersucht worden. Hier sollte man ja regulative Elemente dieser Gene vermuten. Tatsächlich wurde ein wissenschaftliches Team fündig, und entdeckte Kandidaten für Regulationsmutationen (Turner et al., 2016). Die Interpretation solcher Beobachtungen liegt nahe: Wenn das Fehlen des Genproduktes nach Genmutation zu ASS führt, so sollte das Fehlen des Genprodukts durch Regulationsdefekt dieselbe Konsequenz haben. Ob nur ein kleiner oder aber ein beträchtlicher Anteil aller ASS Fälle auf diesem Mechanismus beruhen, ist derzeit unbekannt. Angesichts der Vielzahl aller regulativen Elemente liegt es nahe, eher auf die zweite Möglichkeit zu tippen, die damit zwar wahrscheinlich, aber derzeit noch etwas spekulativ ist.

Rückhalt für diese Spekulation gibt es aber aus der Grundlagenforschung durch eine Kartierung von regulativen Netzwerken, die bei der Entwicklung des Gehirns eine Rolle spielen. Zahlreiche regulative Elemente, die bei dieser Suche gefunden wurden, beeinflussen Gene, die als Ursache der Schizophrenie eine Rolle spielen (Won et al., 2016), und gleiches könnte für den Einfluss auf ASS-Risikogene gelten.

6.6 Kann die Neukombination von Genvarianten gesunder Eltern zur Zeugung von Kindern mit ASS Risiko führen?

Wenn eine Familie zwei oder mehr Kinder mit ASS Symptomatik hat, liegt die Annahme nah, dass ASS in dieser Familie eine echte Erbkrankheit ist. Genetische Veränderungen sind vermutlich bereits in den Eltern vorhanden und nicht erst durch Mutation in der Keimbahn entstanden. Wie kann man diesen Sachverhalt verstehen und studieren, wo doch offensichtlich ist, dass solche Eltern keine gravierende ASS Symptomatik aufweisen?

Eine der plausibleren Vermutungen ist, dass gesunde Individuen Genvarianten enthalten können, die allein für sich keine ASS Symptomatik verursachen.

> Genvarianten mit einem geringen ASS Risiko könnten durch Neukombination in der befruchteten Eizelle zu einem Genom führen, bei der (unbekannte) Schwellen zur Entstehung von ASS überschritten werden.

6.6 Neukombination von Genvarianten gesunder Eltern

Um nach solchen Genen zu suchen, werden vor allem zwei Forschungsstrategien benutzt: Kopplungsanalyse und Assoziierungsanalyse, beide basierend auf der Analyse großer Patienten-Kohorten.

Die *Kopplungsanalyse* geht der Frage nach, ob ein klar identifizierbarer Erbmarker (z. B. »Augenfarbe«) mit dem Gen für den untersuchten Phänotyp (z. B. »ASS Symptomatik«) mit großer Wahrscheinlichkeit gemeinsam auftritt. Das untersuchte Gen sollte in diesem Fall in der Nähe des bekannten Gens lokalisiert sein. Ein typisches Ergebnis benennt den Abschnitt eines Chromosoms, in dem sich das gesuchte Gen befindet, etwa 22q13.3. Die Bezeichnung besagt, dass sich auf der Bande 13.3. des langen Arms (q) von Chromosom 22 das gesuchte Gen befindet. Dies ist eine wichtige Information für die Planung detaillierter Studien. Solche Studien könnten dann zu dem Ergebnis führen, dass bei Position 22q13.3 das ASS-Risikogen SHANK3 kodiert ist. Während die Kopplungsanalyse eine wichtige Säule der genetischen Autismusforschung ist, sind die Ergebnisse für den Nicht-Fachmann etwas abstrakt, wir werden sie deshalb in diesem Buch nicht weiter diskutieren.

Die *Assoziierungsanalyse* beginnt mit der Annahme, dass Varianten eines Gens (SNPs) unterschiedlich funktionierende Proteine liefern. Ein Krankheitsbild mag verursacht sein durch neue Kombinationen solcher SNPs, und man versucht, statistisch zu erfassen, ob bestimmte SNPs mit ASS korreliert sind. Die Daten werden in genom-weiten Screens (*genome-wide association studies, GWAS*) mit Hilfe von kommerziell erhältlichen DNA microarrays bestimmt. Ein Problem dieser Analysen ist, dass man zwecks stabiler statistischer Bewertung sehr große Zahlen von Patienten benötigt.

Mit der GWAS Strategie sind bereits mehrere große Studien durchgeführt worden. Zum Beispiel analysierten Anney et al.

(2012) mehr als eine Million SNPs in 2705 Familien. Diese umfangreiche Studie schließt leider mit der Feststellung, dass kein einzelner SNP signifikant mit ASS assoziiert ist. Zumindest sind aber SNPs in ASS-Risikogenen statistisch vorteilhaft mit ASS assoziiert (z. B. CNTNAP2, verwandt mit Neurexin). Andere GWAS Untersuchungen stellten bei Familien mit zwei autistischen Kindern eine Häufung von ererbten Deletionen in Patienten gegenüber gesunden Geschwistern fest, ohne dabei aber auf ASS-Risikogene zu stoßen (Yuen et al., 2015; Leppa et al., 2016). In wieder anderen Projekten konnte gezeigt werden, dass häufige SNPs gemeinsam das Risiko für die ASS Entstehung bestimmen, nur ist der Beitrag einzelner SNPs zum Gesamtrisiko mäßig (Gaugler et al., 2014; deRubeis & Buxbaum, 2015). Die Experten sind aber für die Zukunft dieses Forschungsansatzes optimistisch, und gehen davon aus, ursächlich relevante Genvarianten bei der Untersuchung von noch größeren Gruppen von Patienten zu finden.

> Während man noch nicht »den Finger auf die Vererbung genau bekannter Genvarianten als Ursache von ASS legen kann«, so besteht kein Zweifel, dass viele ASS Fälle auf diesen Mechanismus zurückzuführen sind.

6.7 Könnten Eltern Ansätze von ASS Symptomatik zeigen?

Die Eltern vieler (vielleicht sogar der meisten) ASS Patienten zeigen kein offensichtliches ASS Krankheitsbild, weil ihre Kombination von Genvarianten kein hohes ASS Risiko bedingt. Nichtsdestotrotz sind viele Experten der Ansicht (beginnend schon mit Kanner, 1943, in seiner Beschreibung der Eltern der ersten Autismuspatienten), dass manche Eltern durchaus »auf dem ASS Spektrum sind«. Eine solche Einordnung sollten Betroffene nicht unbedingt negativ bewerten. Ein etwas ironisches Beispiel: Selbst dem Autor dieses Buches (ein Molekularbiologe mit ausgeprägtem Interesse an Ornithologie) ist von seiner Ehefrau (einer Psychologin) schon gesagt worden, dass ihm manche seiner Denk- und Verhaltensweisen einen Platz »auf dem Spektrum« sichern. Etwas ernsthafter: Experten haben zahlreiche berühmte Persönlichkeiten, von Einstein bis Beethoven, posthum mit ASS diagnostiziert (Bölte, 2009b). Vielleicht selektieren manche Berufsgruppen gar für solche Eigenschaften, etwa dadurch, dass manchen Berufen eine Faszination von Systemen zugrunde liegt. So scheint Autismus gehäuft in Familien von Physikern, Ingenieuren und Mathematikern vorzukommen (Baron-Cohen et al., 1998; ▶ Kap. 8.2).

Es ist sogar durch gründliche Studien nachgewiesen, dass Individuen mit einer neurologischen Störung (wie ASS, ADHS, Schizophrenie) bevorzugt einen Partner mit derselben oder einer anderen neurologischen Störung wählen (Nordsletten et al., 2016). Die »Autismus-Epidemie« im Silikon Valley (nicht in der wissenschaftlichen Literatur, aber leicht in einer Google-Suche zu finden, etwa mit dem Suchausdruck »Geek Syndrome«) mag also nur eine Facette des vertrauten Ausspruchs sein »gleich und gleich gesellt sich gern«. Eine bevorzugte Partnerwahl zwischen Individuen mit einer erhöhten Belastung an häufigen ASS-Risiko-Genvarianten könnte dann das ASS Risiko in der nächsten Generation erhöhen.

7 Überlappen die genetischen Ursachen von ASS mit denen anderer psychischer Störungen?

Andere häufige psychische Störungen wie Schizophrenie, Epilepsie, manisch-depressive Störungen und ADHS (Aufmerksamkeitshyperaktivitäts-Störung) werden traditionell als verschieden von ASS angesehen, obwohl ihre Symptomatik überlappen kann. So wurde Autismus ursprünglich als kindliche Schizophrenie bezeichnet, was derzeit aber nicht mehr diskutiert wird. Es liegt daher nah zu fragen, ob überlappende Krankheitsbilder auf verwandte Ursachen hinweisen.

Wie bei ASS zeigt die molekulare Erforschung dieser Störungen, dass ein Teil aller Fälle auf de novo Mutationen beruhen

(Fromer, M. et al., 2014). Epidemiologisch aufwendige Analysen großer Patientengruppen zeigen statistisch signifikante Assoziationen aller Störungen mit häufigen und vererbten SNPs (Cross-Disorder Group of the Psychiatric Genomics Consortium, 2013). Dort, wo es über WES Studien möglich war, Risikogene zu identifizieren, tauchten aus der ASS Analyse bekannte Vertreter auf, wie Mutationen der Gene SHANK3, GRIN2B und NRXN1. Auf die zahllosen Details kann im Rahmen dieses Buchs nicht eingegangen werden. Es sei an dieser Stelle daher nochmals auf die Webseite von SFARI verwiesen, auf der alle ASS-Risikogenen gelistet sind inklusive ihrer Beteiligung an anderen psychischen Störungen (https://gene.sfari.org/autdb/GS_Home.do).

Während sich diese Forschungen noch in einem frühen Stadium befinden, zeigen erste Zufallsbeobachtungen, dass man für überraschende Ergebnisse aufgeschlossen sein muss. Hier zwei Beispiele:

Bei einem ASS Patienten ist eine SHANK3 Mutation gefunden worden, die zum Verlust des SHANK3 Proteins führt, wogegen eine SHANK3 Mutation eines Schizophrenie-Patienten in einem verkürzten SHANK3 Protein resultiert. Konstruiert man Mäuse mit diesen beiden Mutationen, so teilen sie manche Eigenschaften, wie etwa große Ängstlichkeit. In anderen Eigenschaften unterscheiden sie sich dagegen: Die Mäuse mit der ASS Mutation zeigen starkes Zwangsverhalten, wie etwa exzessive Körperpflege. Mäuse mit der Schizophrenie-Mutation zeigen exzessives sozial dominantes Verhalten, etwa im Trimmen der Schnurrhaare ihrer Käfigmitbewohner (Zhou et al., 2016). Vermutlich sind diese beiden Mutationen erst der Beginn des »Zerpflückens« der SHANK3 Funktion, da alleine von diesem Gen etwa 40 Mutationen und SNPs bekannt sind.

Ein Beispiel für eine andere Überlappung ist das Gen PTCHD1, dessen Mutation sowohl bei ASS als auch bei ADHS

Patienten beobachtet wurde. Mutiert man PTCHD1 bei Mäusen, so verlieren die Tiere durch Aufmerksamkeitsstörung und Hyperaktivität die Fähigkeit, wie normale Mäuse auf einen Lichtreflex zu reagieren. PTCHD1 kodiert für ein Membranprotein, das für Kalium-Kanäle im Thalamus wichtig ist. Die defekte Funktion kann man pharmazeutisch (durch 1-Ethyl-benzimidazolinon) unterstützen, was im Tiermodell mit einer erfolgreichen Behandlung der Symptome einhergeht. Die genetische Analyse dieser Untergruppe von ASS und ADHS Patienten ist also eine Voraussetzung für ein Tiermodell, und dieses wiederum die Voraussetzung für pharmakologische Entwicklungen, die zu Medikationen dieser Untergruppe von Patienten führen können (Wells et al., 2016). Wenn es also im Tiermodell gelingt, durch Medikation genetische Ausfälle zu behandeln, gibt das Hoffnung für die künftigen Möglichkeiten, auf Verhaltenstendenzen von Betroffenen mit ASS positiv eingehen zu können.

8 Umwelteinflüsse

Bisher betonte dieses Buch die Erfolge, genetische ASS Ursachen zu finden. Doch soll darüber nicht der Eindruck erweckt werden, dass die Suche nach umweltbedingten ASS Ursachen nicht berechtigt sei. So ist etwa die Zwillingsanalyse wie besprochen nicht nur ein Beweis für die Erblichkeit von ASS, sondern auch für den Einfluss unbekannter (Umwelt?)-Modulatoren der Erbfaktoren. In den folgenden Kapiteln wird eine Auswahl gut bestätigter Umwelteinflüsse in der ASS Ätiologie vorgestellt sowie aber auch Irrwege und Fehlinterpretationen dieser Forschungsrichtungen.

Ganz generell ist bei der Untersuchung von Umwelteinflüssen Vorsicht geboten, da in diese Kategorie **beliebige** Entwicklungs- und Lebensumstände fallen. Solche Forschung kann bei leicht überprüfbaren Fragestellungen ansetzen, etwa ob Mütter in der Schwangerschaft ein gewisses Medikament eingenommen haben oder von einer Infektionskrankheit betroffen waren. Es können aber auch spekulative, schwer zu untersuchende Fragen gestellt werden, etwa ob Mutter oder Kind chemischem Stress von Asphaltdämpfen oder physikalischem Stress von Verkehrslärm ausgesetzt waren. Die Bewertung solcher Ansätze kann in epidemiologisch-statistischen Analysen großer Patientengruppen oder in Einzelfallstudien erfolgen. Diese Strategien können überzeugend sein, wenn sie durch statistische Analyse Ursachen entdecken, deren Mechanismen schwer greifbar sind. Andererseits besteht die Gefahr, statistische Auswertung ohne weitere Prüfung als hinreichende Erklärung zu übernehmen, auch wenn sie sich nicht durch mechanistische Erklärungen erhärten lässt. Man muss hier an das bekannte Beispiel erinnern, dass über Jahrzehnte die Bestände deutscher Störche in der gleichen Weise abnahmen wie die Geburtsrate von Babys, was kaum als Beweis dienen kann, dass der Storch die Babys bringt.

8.1 Bestimmt das Alter von Eltern die Wahrscheinlichkeit, ein autistisches Kind zu bekommen?

Der Zusammenhang zwischen Alter der Eltern und Risiko der Zeugung eines ASS Kindes ist ein guter Startpunkt für unsere Betrachtungen, da hier ein konkreter Umwelteinfluss mit einer genetischen Ursache in verständlicher Weise zusammenspielt. Es gibt eine große Zahl von Studien, die das Alter von Eltern relativ zu der Wahrscheinlichkeit, ein autistisches Kind zu bekommen, analysiert haben. In den wesentlichen Ergebnissen herrscht Einstimmigkeit zwischen diesen Studien. Die größte von ihnen untersuchte die Eltern von mehr als 30.000 ASS Patienten, die unter 5 Millionen Kinder in 5 Ländern identifiziert wurden (vgl. Sandin et al., 2016).

> Das wichtigste Ergebnis: Die Wahrscheinlichkeit, ein autistisches Kind zu bekommen, nimmt mit dem Alter der Eltern zu. Das Alter des Vaters liefert einen deutlich größeren Beitrag als das Alter der Mutter.

Grob geschätzt, verdoppelt sich das Risiko eines Mannes zur Zeugung eines ASS Kindes etwa alle 20 Jahre, während das der Mutter nur um 10-20 % steigt.

Dieses Ergebnis ist vor dem Hintergrund der Genetik von ASS plausibel: Mit zunehmendem Alter der Eltern steigt die Wahrscheinlichkeit für Mutationen in der Keimbahn (wir können uns vor Mutationsereignissen nicht völlig schützen, etwa durch Höhenstrahlung oder Umweltchemikalien), und die Spermienproduktion des Mannes erfordert sehr viel mehr Zellteilungen als die Eizellenproduktion der Frau. Weniger plausibel, aber gut belegt, sind zwei weitere Ergebnisse der genannten Veröffentlichung, nämlich, dass ein zusätzliches Risiko entsteht durch einen großen Altersunterschied zwischen den Eltern. Sehr junge Frauen scheinen darüber hinaus ein etwas höheres Risiko zu haben, als etwa 30jährige Mütter.

8.2 Warum gibt es mehr männliche als weibliche ASS Patienten?

Etwa viermal so viele Jungen wie Mädchen werden mit ASS diagnostiziert. Obwohl das leicht messbar und seit langem bekannt ist, ist ein Mechanismus, der diesem Phänomen zugrunde liegt, schwer greifbar. Sind die Symptome von Mädchen weniger offensichtlich als die der Jungen? Sind wichtige ASS-Risikogene auf dem X-Chromosom oder spielt genomische Prägung eine Rolle? Was ist von der viel diskutierten Hypothese des Psychologen Simon Baron-Cohen zu halten:

> Ist Autismus der Fall eines »extremen männlichen Gehirns« (*extreme male brain*), mit der Charakteristik, wenig empathisch, aber hoch systematisierend (*low-empathizing, high-systemizing*) zu sein (Baron-Cohen, 2009)?

Vielleicht hilft die folgende Überlegung: Der Körper eines männlichen Babys entwickelt sich während der fetalen Entwicklung durch das männliche Geschlechtshormon Testosteron anders als der eines weibliches Babys. So wurde vorgeschlagen, dass vielleicht auch das Gehirn unterschiedlich »geprägt« würde. Überhöhte Testosteron-Konzentrationen in Wechselwirkung mit ASS-Risikogenen könnten zu pathologischen Verirrungen eines eigentlich normalen Regulationsmechanismus führen.

Erfolgversprechend für die Erklärung dieser Asymmetrie ist auch der gedankliche Ansatz, dass ein Schutzmechanismus in der Biologie von Mädchen (female protective effect) existiert, der sie vor ASS Symptomatik schützt. Es gibt aber leider noch keine Überlegungen hierzu, welcher Natur dieser Schutzmechanismus sein könnte.

Es bedarf anscheinend einer größeren Zahl von Autismus Risikofaktoren (ASS-Risikogenen), um ein Mädchengehirn in den Bereich einer ASS Diagnose zu bringen. Das Modell ist bestätigt worden durch eine Studie von etwa 10.000 zweieiigen Zwillingen, die zeigte, dass die Brüder autistischer Mädchen sehr viel häufiger ASS Symptome hatten als die Schwestern autistischer Jungen (Robinson, E. et al. 2013). Es muss also in Familien der ersten Zwillingsgruppe eine höhere Belastung mit ASS Risiko geben als in der zweiten Gruppe.

Diese Betrachtungen führen zu einer bedenkenswerten Schlussfolgerung.

> Da Frauen eine sehr viel höhere Belastung mit genetischem ASS Risiko vertragen können, ohne symptomatisch zu sein, muss man schließen, dass eine phänotypisch völlig gesunde Mutter ASS-Risikogene an ihre Söhne vererben kann, die dann mangels Schutzmechanismus erkranken.

8.3 Welchen Einfluss spielt Erziehung?

Schon in der Erstbeschreibung des Autismus 1943 durch Leo Kanner vermutete der Autor einen Ursprung des Autismus in einer Wechselwirkung von erblichen Anlagen (heute bestätigt) mit einem ungünstigen sozialen Umfeld, etwa durch den Einfluss von kühlen, emotional distanzierten Eltern (heute verworfen). Die bevorzugte Suche nach einem sozialen Ursprung des Autismus in der Folgezeit gehört zu den traurigsten Kapiteln der Autismusforschung. Solche Überlegungen basierten auf einem psychoanalytischen Verständnis von neurologischen Erkrankungen und wurden oft spekulativ entwickelt. Oft beruhten sie lediglich auf Einzelbeobachtungen und verzichteten auf systematisches Sammeln wissenschaftlicher Daten. Diese Annahmen führten dann zu Verzweiflung seitens der »beschuldigten« Eltern, ohne auf Erforschung von Krankheitsursachen begründet zu sein oder therapeutische Ansätze zu liefern.

Es dauerte bis in die 1960 Jahre, bis wissenschaftliche Studien diese Denkansätze verwarfen. Empirische Studien konnten nie Unterschiede des Sozialverhaltens von Eltern autistischer Kindern und neuro-typischer Kinder beobachten. Unterschiede mögen vorhanden sein, aber zu leicht können Ursachen und Folgen verwechselt werden. Es erscheint heute viel plausibler, dass eine etwaige Distanz der Eltern die Folge der jahrelangen Überforderung mit der Erziehung eines emotional abweisenden ASS Kindes ist, anstatt anzunehmen, Eltern hätten ihrem Kind zunächst emotionale Wärme vorenthalten, woraufhin es eine ASS Symptomatik entwickelte.

In ähnlicher Weise lässt sich so manche willkürliche Annahme hinterfragen: Eltern autistischer Kinder waren ursprünglich als intellektuell und von höherem professionellen und sozioökonomischen Status charakterisiert worden. Hier eine Ursache zu suchen gilt heute als Spekulation: In einer Zeit, in der Autismus für die meisten Menschen ein Fremdwort war, waren Intellektualität und Professionalität Eigenschaften von Eltern, die die Initiative aufbrachten, einen namhaften Therapeuten aufzusuchen. Widerspruchsfreie Erklärungen gibt es bei so einer komplizierten Krankheit natürlich nicht, und wie im Kapitel 6.6 diskutiert wurde (▶ Kap. 6.6), kann man auch über das Gegenteil spekulieren, nämlich, dass die Berufswahl der Eltern (»Systematiker« eher als »Empathiker«) etwas über ihr genetisches ASS Risiko aussagen kann.

8.4 Könnte eine Virus-Infektion während der Schwangerschaft den Fötus so schädigen, dass ein ASS Risiko entsteht?

Es ist allgemein bekannt, dass Virus-Infektionen zu schweren zerebralen Entwicklungsstörungen führen können: Seit 2014 stehen Schreckensnachrichten vom Zika-Virus in allen Tageszeitungen. Obwohl der Virus seit 1947 bekannt ist, trat er bis vor kurzem selten v. a. auf Afrika beschränkt auf und schien bei Erwachsenen zu einem harmlosen Krankheitsbild zu führen. Dann begann er, begünstigt durch Übertragung von Moskitos, sich massiv auszubreiten, seit 2014 speziell in Ländern der amerikanischen Tropen. Besonders in Brasilien führte er zu einer früher nie beobachteten Schädigung von Neugeborenen. Schwangere, die sich mit dem Zika-Virus infiziert hatten, übertrugen offensichtlich den Virus auf ihren Fötus. Die Infektion scheint zum Absterben wichtiger Stammzellen des zentralen Nervensystems und zur Störung der normalen Entwicklung von Hirn und Schädel zu führen. Viele Babys starben, etwa 25 % wurden mit Mikrozephalie (verringerter Kopfumfang, der mit geistiger Behinderung einhergeht) geboren, die schwerste Entwicklungsstörungen erwarten lässt. Die Epidemie zeigt, dass eine scheinbar recht harmlose Virus-Infektion der Schwangeren schwere zerebrale Schäden des Fötus verursachen kann.

Während Zika die Tagesnachricht ist, ist die Assoziation zwischen verschiedenen anderen Virus-Infektionen in der Schwangerschaft und Autismus seit Jahrzehnten studiert worden. Ehe Röteln (Rubella) durch umfassende Impfung der Bevölkerung weitgehend ausgerottet worden waren, galt eine angeborene Rubella-Infektion als ein klassischer Umwelt-Risikofaktor für Autismus. In der neueren Literatur hält sich der Verdacht, dass Infektionen mit anderen Viren wie etwa Influenza (also Grippe) oder Cytomegalovirus (einer der Herpesviren, der lediglich mit milden Symptomen oder ganz klinisch unauffällig Epithelzellen befällt) eine ähnliche Rolle spielen. Es ist allerdings schwierig, solche Virusinfektionen über Jahre rückwirkend präzise zu diagnostizieren. Man vermutet solche Infektionen, wenn eine Mutter bestätigt, dass sie während der Schwangerschaft mehrtägiges Fieber hatte. Als Mechanismus für das ASS Risiko bietet sich dabei die Möglichkeit an, dass das Virus direkt die fetale neuronale Entwicklung beeinträchtigt hat. Alternativ und vermutlich wahrscheinlicher könnte das stimulierte Immunsystem der Schwangeren Botenstoffe (Cytokine) produzieren, die auf die neuronale Entwicklung des Embryos negativ einwirken.

> Korrelationen zwischen Fieber/Virusinfektion in der Schwangerschaft und ASS Risiko sind vielfach untersucht worden. Selbst große epidemiologische Studien und Meta-Analysen führten zwar zu möglichen Zusammenhängen aber keiner stabilen Bestätigung.

(z. B. Gardiner et al., 2009; Atladottir et al., 2012). Endgültige Antworten auf Fragen zu der Rolle von Infektionen während der Schwangerschaft stehen weiterhin aus: Stellen Infektionen mit ganz bestimmten Viren während der Schwangerschaft ein ASS Risiko für das Neugeborene dar? Hat der Virus eine Affinität zu Nervenzellen? Schädigt er direkt die Entwicklung des Zentralnervensystems? Oder aktiviert der Virus das Immunsystem der Mutter, was dann zu neuronalen Schädigungen führt?

Letztlich sollen Studien erwähnt werden, die Verbindungen zwischen genetischer Disposition zu ASS und viraler Infektion untersuchten. Dabei wurde beobachtet, dass Fieber während der Schwangerschaft gehäuft bei Kindern aufgetreten war, bei denen später eine genetische Belastung mit ASS-Risikogenen gefunden wurde (Mazina et al., 2015).

8.5 Könnte es durch zerebrale Entzündungsvorgänge, Virus- oder Bakterieninfektion zu einer Regression im Kindesalter kommen?

Unter *Regression* versteht man das Auftreten von ASS Symptomatik nach massivem Verlust von Fähigkeiten in Kleinkindern, die zunächst eine normale Entwicklung durchlebten. Zahlreiche Fallstudien haben Regression korreliert mit Fieber, Infektionen und Ausschlag beschrieben. Solche Beobachtungen legen die Möglichkeit nahe, dass diese Symptome mit zentralnervösen Entzündungen (Enzephalitis) einhergehen. Diese Korrelation wird durch biochemische Messdaten unterstützt, dass zentralnervöse Entzündungen in einem Teil aller ASS Patienten langzeitig fortbestehen. Chronische Entzündungsprozesse könnten zu neuronalem Zellschaden, Funktionsverlust und schließlich klinischer Symptomatik führen (Kern et al., 2016). Entzündungen könnten durch bakterielle oder virale Infektionen verursacht sein, wobei der auslösende Erreger nicht unbedingt das Gehirn selbst erreichen muss. Wie schon oben erwähnt könnten periphere Infektionen zur Produktion von Cytokinen führen, die schädigende Immunreaktionen im Gehirn auslösen. Als Alternative zu Infektionen könnte Enzephalitis auch als Autoimmun-

Krankheit auftreten, was durch Fallstudien (Zerbo et al., 2015) nahegelegt wird, die eine Komorbidität von ASS mit Allergien und Autoimmunkrankheiten berichten.

Auch ist die Frage unklar, ob organische Schäden zu der Zeit entstehen, wenn die Symptomatik im Kleinkind diagnostizierbar ist. Alternativ ist, etwa im Hinblick auf epileptische Symptome vieler ASS Patienten diskutiert worden, dass organische Schäden möglicherweise schon in der frühen Schwangerschaft eingetreten sind, eine Symptomatik aber erst mit Verzögerung durch Entwicklungsvorgänge im Kleinkind auftritt (Casanova, 2015).

8.6 Ein schwer zu korrigierender Betrug: ASS durch MMR Impfung?

Seit den 1980er Jahren bekommen Kinder die MMR Impfung, die gegen Infektionen mit den Viren schützt, die Masern, Mumps und Röteln auslösen. Eine erste Dosis wird zu Beginn des zweiten Lebensjahres und eine zweite im Alter von 4-6 Jahren verabreicht. Diese Impfungen sind absolut essentiell für die Volksgesundheit, da alle drei Viren hochinfektiös sind, alle drei Krankheiten mit schweren Komplikationen verlaufen können, in einer geimpften Bevölkerung aber weitgehend eliminiert werden können. Die Impfung gilt und galt in den 1990 Jahren als Erfolg und war generell akzeptiert. Es wurde aber spekuliert, dass ein Impfstoff, der abgeschwächte, aber noch replikationsfähige Rubella-Viren enthält, vielleicht doch neurologische Schäden verursachen könnte. Auch stand einer der zu Beginn der Impfstoff-Entwicklung verwendeten Mumps-Virus Stämme im Verdacht, in seltenen Fällen zu einer milden Form von Meningitis zu führen.

Vor diesem Hintergrund publizierte im Jahr 1998 der englische Gastroenterologe Andrew Wakefield in der respektablen Zeitschrift Lancet Fallstudien von 12 Kindern mit der Interpretation, dass in diesen Patienten die MMR Impfung nicht nur zu Verdauungs-, sondern gar auch zu Entwicklungsstörungen geführt habe. Diese Entwicklungsstörungen sollten innerhalb von wenigen Tagen nach der Impfung aufgetreten sein und im Regelfall die Natur autistischer Symptome gehabt haben. Die Reaktion besorgter Eltern auf diesen »Wakefield-Bericht« führte zu einem signifikanten Rückgang der Nutzung und Akzeptanz der MMR Impfung, speziell in England, mit einer erheblichen Zunahme von Masern und Mumps Erkrankungen mit permanenten Gesundheitsschäden oder gar Todesfällen.

> In den Folgejahren wurden zahlreiche große epidemiologische Studien einer möglichen Korrelation zwischen MMR Impfung und Verhaltensstörungen durchgeführt, die alle bestätigten, dass keine Korrelation zwischen Impfung und Autismus existiert.

So kam es nicht unerwartet, dass die Mehrzahl der 13 Autoren des Wakefield-Berichts die Ergebnisse der Studie widerriefen (Murch et al., 2004). Es wurde bekannt, dass Dr. Wakefield von einer Gruppe von Rechtsanwälten bezahlt worden war, die Studie in ihrem Sinn zu manipulieren.

Als Konsequenz verlor Dr. Wakefield seine Approbation. Aber der Schaden war angerichtet: Bis zum heutigen Tag hält sich noch immer der Irrglaube, die MMR Impfung verursache Autismus. Die verringerte Akzeptanz der MMR Impfung hat in der Folge regional wiederholt zu Masern-Ausbrüchen geführt.

8.7 Irrweg nach einem gedanklich richtigen Ansatz: Schwermetalle schädigen, aber nicht in der Dosis von Thiomersal

Mit der MMR Kontroverse eng verwandt ist die Diskussion, ob Quecksilber Autismus verursachen könnte. Diese gedankliche Verbindung erwuchs aus der Tatsache, dass Quecksilber für seine neurotoxischen Effekte bekannt ist, und viele Impfstoffe, einschließlich des MMR Impfstoffs, Quecksilber in Form der organischen Substanz Thiomersal enthielten. Thiomersal kann dem Impfstoff beigemischt werden, um das Wachstum von Mikroben und damit die Zerstörung des Impfstoffs zu unterbinden.

Es erschien nie wahrscheinlich, dass Autismus durch Thiomersal verursacht sein könnte, vor allem wegen der geringen Dosis des beigemischten Quecksilbers und der Verschiedenheit der neurologischen Symptome von ASS und von Quecksilbervergiftungen. Trotzdem verlangten die Gesundheitsbehörden die Elimination von Thiomersal, was etwa seit dem Jahr 2000 greift. Seitdem sind der MMR Impfstoff und alle anderen in der Kindheit verabreichten Impfungen frei von Quecksilber. Eine Ausnahme bleibt der Impfstoff gegen Influenza, der weiter Thiomersal enthält, allerdings weit unter der als toxisch angesehen Dosis. Trotz der Elimination von Thiomersal ist es während der letzten 15 Jahre nicht zu einer Verringerung der Zahl der Neudiagnosen von ASS gekommen.

Während diese Argumente eine Rolle von Quecksilber als Ursache von ASS ausschließen, ändert das natürlich nichts an der Tatsache, dass verschiedene Metall-Ionen (Blei, Cadmium, Quecksilber) als Nervengifte eingestuft sind.

8.8 Epigenetische Ursachen des Autismus. Wechselwirkungen mit dem Immunsystem und manchen Medikamenten

Epigenetik bezeichnet Eigenschaften der DNA, die ihre Lesbarkeit beeinflussen, ohne dass die Nukleotidsequenz betroffen ist. Das passiert überwiegend durch zwei Vorgänge: Die DNA selbst kann mit Methylgruppen chemisch »bestückt« werden, was zu einer veränderten Erkennung durch regulierende Faktoren führt. Strukturproteine (Histone), um die die DNA gewickelt ist, können mit Methyl- oder Acetylgruppen verändert werden, was die Zugänglichkeit der DNA beeinflusst. Zusammengefasst: Mit epigenetischen Prozessen werden Gene an- oder ausgeschaltet.

Epigenetische Regulation spielt in der neuronalen Entwicklung eine große Rolle, oder andersherum ausgedrückt, das Versagen dieser Regulation ist von großer Bedeutung für neurologische Erkrankungen. So hatten in großen Genomstudien (► Kap. 6.2 und ► Kap. 6.3) viele der entdeckten ASS-Risikogene epigenetische Funktion. Der Verlust einer epigenetischen Funktion, vermutlich in der Embryogenese und wahrscheinlich im Verzug der neuronalen Differenzierung, ist also korreliert mit dem späteren ASS Krankheitsbild.

Das bestuntersuchte Beispiel ist in Kapitel 5.1 beschrieben worden (► Kap. 5.1), das sich mit dem Rett-Syndrom und dem zugrunde liegenden Ausfall des MeCP2 Proteins beschäftigte. MeCP2 ist ein regulierender Faktor, der seine Funktionen durch Bindung methylierter, also epigenetisch veränderter DNA entfaltet. In Abwesenheit von MeCP2 wird das epigenetische Signal nicht erkannt und es kommt zum Rett-Syndrom Krankheitsbild mit ASS als Begleiterkrankung.

Taugt Epigenetik dazu, eine Vermittlerrolle zwischen Umweltfaktoren und Genetik zu spielen?
Wie in den Kapiteln 8.4 und 8.5 besprochen wurde, stellen Virusinfektionen selbst oder ihre Konsequenz, die Stimulierung des Immunsystems der Schwangeren, einen ASS Risikofaktor dar (► Kap. 8.4, ► Kap. 8.5). Wie könnte der Mechanismus aussehen, der dieses Risiko begründet? Es gibt Hinweise darauf, dass manche Cytokine, die das Immunsystem bei einer fiebrigen Erkrankung produziert, direkt auf die Enzyme einwirken, die DNA-Methylierung und Histon-Acetylierung regulieren. Die gedankliche Abfolge wäre also: Virus-Infektion stimuliert das Immunsystem, Cytokine werden vermehrt ausgeschüttet, die Epigenetik der neuronalen Entwicklung wird verändert, es kommt zu zerebralen Effekten, die das ASS Risiko erhöhen (Nardone & Elliott, 2016).

Ähnlich könnte die Beobachtung erklärt werden, dass die Einnahme des Antiepileptikums Valproinsäure während der Schwangerschaft das ASS Risiko des Babys erhöht. Ähnlich wie manche Cytokine scheint Valproinsäure direkt auf Enzyme einzuwirken, die epigenetische Regulation modulieren, in diesem Fall als Inhibitor der Deacetylierung von Histonen (Göttlicher et al., 2001).

Beim Thema »Nebenwirkungen von Medikamenten und ASS Symptomatik« muss auch an Thalidomid (Contergan) erinnert werden. Thalidomid wurde in den 1950er Jahren von der Firma Chemie Grünenthal als Beruhigungsmittel und Medikament gegen Übelkeit in der Schwangerschaft vermarktet, in einer Zeit, in der man glaubte, dass Medikamente den Fötus nicht erreichen würden. 1962 häuften sich über 10.000 Berichte von Geburtsdefekten, vor allem Verformung von Gliedmaßen, und viele Babys starben an diesen Geburtsschäden. Der zweithäufigste Defekt wurde als Möbius-Syndrom beschrieben, das durch Hirnstamm-Defekte einhergehend mit Gesichtslähmung, geschädigter Augenmotorik und ASS Symptomatik charakterisiert ist. Während der genaue molekulare Mechanismus dieser Schädigung nicht verstanden ist, wird ein epigenetischer Effekt vermutet, der während des ersten Schwangerschaft-Trimesters zu verringerter Durchblutung bei der Hirnentwicklung des Fötus und damit zu Unterentwicklung der betroffenen Gewebe führt (Casanova, 2016).

8.9 Oxytocin, Regulator von Sozialverhalten?

Oxytocin wird in der Laiensprache oft als das Liebeshormon bezeichnet. Wissenschaftlich gesehen handelt es sich um ein Neuropeptid-Hormon mit einer Länge von neun Aminosäuren, das im Hypothalamus gebildet wird, sich frei im Gehirn bewegen und dabei spezifische Oxytocin-Rezeptoren erreichen und binden kann. Unter anderem finden sich solche Rezeptoren in Gehirnregionen, die soziales Verhalten kontrollieren.

> In Tierexperimenten stimuliert Oxytocin positive Sozialität und reduziert Ängstlichkeit, moduliert also ASS typische Symptomatik.

Mutationen des Oxytocin-Gens oder des Oxytocin-Rezeptors sind nicht in genetischen Screens von Kohorten von ASS Familien entdeckt worden. Trotzdem haben diese Gene Ähnlichkeiten zu ASS-Risikogenen. Fallstudien haben nämlich drei Sorten von Defekten in ASS Patienten beschrieben:

1. Oxytocin wird manchmal inkorrekt (d. h. mit falscher Aminosäure-Zusammensetzung) prozessiert.
2. Oxytocin kann im Blutplasma eine reduzierte Konzentration haben.
3. Es wurden verschiedene genetische Varianten von Oxytocin-Rezeptoren mit unterschiedlicher Funktion entdeckt (Loth et al., 2014; Levin-Decanini et al., 2015; LoParo & Waldman, 2015).

> Spekulationen über die Einsetzbarkeit von Oxytocin, einem natürlichen Hormon, als Therapeutikum in ASS Patienten liegen nahe und haben erhebliche Aufmerksamkeit auf sich gezogen.

In verschiedenen Studien wurden Effekte von Oxytocin nach intravenöser oder intranasaler Applikation gemessen und u. a. reduzierte repetitive Verhaltensstereotypien und verbesserte soziale und kognitive Funktionen berichtet. Große klinische Studien, etwa zu Fragen nach Wirkung und Nebenwirkung bei Langzeitanwendung fehlen aber, so dass Oxytocin derzeit nicht als Standard-Therapeutikum einsetzbar ist. Im folgenden Abschnitt wird eine interessante Korrelation zwischen Oxytocin und einem bestimmten Bakterium in unserer Darmflora beschrieben.

8.10 Könnte Autismus durch Ernährung oder durch die Darmflora beeinflusst werden?

Ernährung generell, kontaminierende Chemikalien oder unsere Darmflora unter Generalverdacht zu stellen, die Ursache von

8.10 Einfluss durch Ernährung oder Darmflora?

Autismus zu sein, kann ähnlich unseriöse Formen annehmen wie die Debatte über die MMR Impfung. Dabei soll nicht verschwiegen werden, dass genetisch modifizierte landwirtschaftliche Produkte, speziell das dabei eingesetzten Glyphosat oder hormonaktive Substanzen (endocrine disruptors, EDCs), als Ursache einer Autismus-Epidemie angedacht worden sind.

> Die derzeit bekannten Fakten reichen nicht für eine gut belegbare Annahme, dass Umweltchemikalien ASS auslösen. Es ist dennoch sinnvoll, solchen Möglichkeiten wissenschaftlich und ggf. behördlich nachzugehen.

Auch über den Wert kommerziell erhältlicher Darmreinigungen zur Behandlung von Immunreaktionen gegen Gluten und Casein, die Betroffene mit ASS angeblich besonders stark befallen, ist sicher noch nicht das letzte Wort geschrieben. Besorgte Eltern tun sicher gut daran, solche Informationen auf Armeslänge zu halten oder ärztliche Beratung zu suchen. Eine Diät braucht nicht gefährlich zu sein, aber mit dem Vermeiden des vermeintlichen Auslösers der Immunreaktion kann ein Entzug essentieller Nahrungskomponenten einhergehen und mehr Schaden als Nutzen entstehen. Auch sollte berücksichtigt werden, dass das Kind möglicherweise durch eine Diät im Kindergarten oder Klassenverband zum Außenseiter wird.

Während Ernährung sicherlich nicht Autismus auslösen oder, andersherum, verhindern kann, ist es aber durchaus möglich, dass sich unter Nahrungsmitteln und Darmflora Kofaktoren befinden, die die Symptomatik mancher Patienten beeinflussen. Tatsächlich sind hunderte von Veröffentlichungen zu diesen Themen erschienen, mit unterschiedlichsten Sichtweisen und Inhalten, die hier nicht systematisch aufgearbeitet werden können. So soll eine kürzlich veröffentlichte Studie als Beispiel für solides wissenschaftliches Vorgehen in diesem Themenbereich vorgestellt werden.

Lassen wir die Argumente mit der epidemiologischen Beobachtung beginnen, dass Übergewichtigkeit einer Mutter ein etwa 50 % erhöhtes Risiko mit sich bringt, ein autistisches Kind zu gebären. Woran könnte das liegen?

Aufbauend auf dieser Beobachtung ersannen M. Costa-Mattioli und Kollegen (Buffington et al., 2016) vom Baylor College in Houston ein Mausmodell. Eine Gruppe von Mäuseweibchen wurde acht Wochen auf eine Hochfett-Diät gesetzt, während Kontrollen normal ernährt wurden. Mäusebabys, die von überfütterten Tieren geboren wurden, zeigten ein etwa sechsfach verringertes Sozialverhalten verglichen mit Babys normal gefütterter Tiere. Mäuse etablieren ihre Darmflora zum Teil, indem sie den Kot anderer Mäuse wie der Mutter fressen. Wenn man annimmt, dass die Darmflora Verhalten beeinflusst, so sollte eine veränderte Darmflora auch zu Verhaltensänderungen führen. Genau das wurde beobachtet: Austausch der Mäusebabys überfütterter Weibchen zu normal ernährten Müttern (und damit Angleichung der Darmflora) führte zu normalen sozialen Interaktionen der Mäusebabys.

Hat das alles aber etwas mit der Darmflora zu tun? Der Darm (von Maus und Mensch) beherbergt mehrere hundert Bakterienarten und die genaue Zusammensetzung ist mit Hilfe molekularer Tests messbar. Wie sich herausstellte, fehlte in der Darmflora der überfütterten Mäuse nur eine Bakterienart weitgehend, die auf den wissenschaftlichen Namen *Lactobacillus reuteri* hört. Das nächste Experiment war offensichtlich, nämlich das Füttern von lebendigen oder abgetöteten L. reuteri an die Babys der überfütterten Mäuse. In Bestätigung des erhofften

8.10 Einfluss durch Ernährung oder Darmflora?

Ergebnisses normalisierte sich das Sozialverhalten dieser Tiere, aber nur, wenn lebendige Bakterien gefüttert wurden.

Das alles sind Korrelationen, aber kann man den verantwortlichen Mechanismus dahinter finden? Hier konnten die Forscher auf den Ergebnissen anderer Gruppen aufbauen. L. reuteri ist wohlbekannt als probiotisches Bakterium, das die Verfügbarkeit des Neuropeptid-Hormons Oxytocin beeinflusst, das eine wichtige Rolle in der Kontrolle von Sozialverhalten spielt und dessen Mangel zu den Ursachen von ASS beitragen könnte. Und tatsächlich, die Babys überfütterter Mütter zeigten eine Verringerung der Oxytocin-produzierenden Zellen im Hypothalamus, und dieses Defizit wurde korrigiert durch die Fütterung mit L. reuteri. Man konnte Synapsenfunktionen in bekannten Zielzellen messen und diese wurden gleichartig durch Oxytocin wie durch L. reuteri korrigiert.

Ob L. reuteri eine ähnliche Rolle im Menschen spielt, ist unbekannt, aber die Beobachtungen am Tiermodell suggerieren, dass es sich durchaus lohnen könnte, dies zu untersuchen.

9 Der Nutzen von Tiermodellen für ASS Forschung und Behandlung

Autistische Mäuse? Beim ersten Lesen klingt das wie ein dummer Witz. Aber es wurde schon mehrfach in diesem Buch angeschnitten, dass das nicht so ist, sondern dass Tiermodelle eine eminente Bedeutung für derzeitige ASS Ursachen-Forschung und künftige Entwicklung von Medikamenten haben. Dies soll hier noch einmal systematisch weitergedacht werden.

Stellen wir noch einmal die Logik zusammen, mit der ASS-Risikogene wie in den Kapiteln 5 und 6 besprochen untersucht wurden (► Kap. 5, ► Kap. 6).

1. Anhand einer Familienanalyse kann eine Mutation im ASS Patienten gefunden werden, die in den Eltern fehlt.
2. Es können Varianten derselben Gene wiederholt in ASS Patienten verschiedener Familien gefunden werden. Dies ist eine sehr unwahrscheinliche Konstellation, es sei denn, es besteht eine kausale Beziehung zwischen Genvarianten und Symptomatik.
3. So gefundene Gene kodieren oft für Proteine mit neuronalen Funktionen oder als Regulatoren neuronaler Funktionen.

All das sind gewichtige Argumente, in solchen Genen Ursachen von ASS zu vermuten. Nichtsdestotrotz sind alle drei Szenarien nur Korrelationen und eine strikte Identifikation als ASS-Risikogene steht dann eigentlich noch aus. Vor diesem Hintergrund muss die Bedeutung von Tiermodellen gesehen werden.

Molekulargenetische Experimente machen es möglich, Tiere (meist Mäuse, Affen, Zebrafische) zu züchten, die mit gleichartigen Tieren identisch sind, außer dass ein zusätzliches Gen eingeschleust oder ein vorhandenes Gen mutiert wurde. Solche Tiermodelle erlauben nicht nur die Messung von Korrelationen, sondern die Beobachtung der Konsequenz einer einzelnen Variablen. Beispiele sind in den Kapiteln 5 und 6 besprochen worden (▶ Kap. 5, ▶ Kap. 6). So zeigen etwa Mäuse, die eine der beiden Kopien von CHD8 verloren haben, eine verzögerte neuronale Entwicklung und erhöhte Ängstlichkeit sowie repetitives und verändertes soziales Verhalten. Affen mit MECP2 Mutationen zeigen ASS-Symptomatik. FOXP2, ein wichtiges Gen für die menschliche Sprachentwicklung, ist in manchen Betroffenen mit ASS mutiert. Vögel mit manipulierter FOXP2 Funktion haben Probleme, den väterlichen Gesang zu lernen.

Dabei werden auch verblüffende Begleitkrankheiten auf die Funktion eines Gens zurückgeführt. So weisen ASS Patienten mit CHD8 Mutation nicht nur autistische Verhaltensmerkmale auf, sondern auch Makrozephalie (also eine überdurchschnittliche Größe des Schädels) und Verdauungsstörungen. Genau diese beiden Symptome werden in CHD8-mutierten Zebrafischen entdeckt. Herzrhythmusstörungen, die in ANK2-mutierten ASS Patienten gefunden wurden, befallen auch ANK2-veränderte Mäuse (de Rubeis and Buxbaum, 2015).

> Mit Tiermodellen werden »kritikanfällige« Korrelationen durch kausale Verbindungen ersetzt, ein wesentlicher Schritt zur Bestätigung eines ASS-Risikogens.

Dies ist nur der Beginn der Nützlichkeit solcher Tiermodelle. Man kann mit Tieren histologische und funktionelle Untersuchungen durchführen, für die menschliches Material fehlt, etwa zur Konsequenz von Mutationen im Fötus oder im ausgewachsenen Tier, und zur Wirksamkeit pharmazeutischer Substanzen auf die Korrektur von ASS Symptomatik.

10 Epidemie des Autismus oder Epidemie der Diagnose?

Mehrere Jahrzehnte lang nach der Erstbeschreibung durch Kanner war eine Prävalenz des Autismus von etwa einem Patienten unter 2.500 Kindern (also 0.04 %) generell akzeptiert. In einem zunächst rätselhaften Prozess stieg diese Rate während der letzten 25 Jahre kontinuierlich. Derzeit wird von Prävalenzen von 1 in 110 oder gar 1 in 68 Kindern (also mehr als 1 %) ausgegangen (Bölte & Poustka, 2005; Bölte, 2009c). Dieser Zuwachs um einen Faktor 25 (also 2.500 %) wurde (und wird von manchen Autoren noch immer) als Epidemie des Autismus bezeichnet. Das vorhandene Zahlenmaterial wird oft dargestellt als eine exponentielle Kurve, die den Eindruck erweckt, dieser Zuwachs sei eine wissenschaftliche Tatsache, die präzise messbar ist.

10 Epidemie des Autismus oder Epidemie der Diagnose?

Haben sich die Ursachen des Autismus, die in diesem Buch besprochen worden sind, so verschoben, dass sie eine Epidemie plausibel machen? Es drängt sich hier keine Erklärung auf. So gibt es beispielsweise keine massive Zunahme der Prozesse, die zu Mutationen und damit zu neuen ASS-Risikogenen führen könnten oder keine Zunahme entzündlicher Prozesse bei Schwangeren, die den Fötus schädigen können. Zunehmendes Alter der Eltern oder veränderte Partnerwahl mögen zu einem geringen Anstieg der ASS Häufigkeit führen, können aber den behaupteten dramatischen Zuwachs nicht erklären. Die Mehrzahl der ASS Forscher ist sich heute einig, dass eine Epidemie des Autismus mehr Illusion als Realität ist. Für diese Alternative sprechen wichtige Argumente. Die wichtigste Denkrichtung betont, dass sich während der letzten Jahrzehnte die Kriterien für die ASS Diagnose kontinuierlich verschoben haben. In vielen Ländern entstand eine größere Sensibilität gegenüber abweichendem Verhalten, die gezielt nach der Erfassung von ASS Patienten sucht. Diese Alternative ist nicht nur eine Meinung, sondern wird unterstützt durch Studien, die zeigen, dass die Prävalenz von ASS in untersuchten Kohorten konstant bleibt, wenn unveränderte Diagnosekriterien verwendet werden (Chakrabarti & Fombonne, 2005), und dass die Diagnose ASS gestiegen ist, während gleichzeitig die Diagnosen geistige Behinderung und Lernstörungen abgenommen haben (Bölte & Poustka, 2005).

11 Konsequenzen, DNA Diagnose, Hoffnungen, Zusammenfassung

11.1 Konsequenzen: Wissenschaftliches Verständnis statt verwirrende Spekulationen

So mancher Leser wird fragen, wofür denn all die dargestellten Informationen gut sind. Nun, wie auch andere Bereiche der Biologie und Medizin ist die Autismusforschung eine Baustelle in kontinuierlichem Fortschritt. Manche Daten sind stabil bestätigt und festgeschrieben, während sich Entwicklungen an anderen Fronten erst in vorläufiger Form abzeichnen.

11 Konsequenzen, DNA Diagnose, Hoffnungen, Zusammenfassung

> Ein gewaltiger Erfolg ist unser zunehmend stabiles Verständnis von der Natur von ASS als einer Gruppe von Krankheiten mit einer erblichen Grundlage, die aber durch Umweltfaktoren modifizierbar ist.

Während noch ein langer Weg zu gehen ist, genetische und Umweltfaktoren im Detail zu verstehen, ist ganz wesentlich, dass einige Denkmöglichkeiten ausgeschlossen werden können: ASS ist nicht die Konsequenz von Erziehung – diese wichtige Einsicht schließt falsche Schuldzuweisungen aus. Ebenso kann man seinem Kind bedenkenlos die üblichen Impfungen zukommen lassen, da es gründlich überprüft und nachgewiesen ist, dass sie nicht der Auslöser von ASS sind.

11.2 DNA Diagnose

Verschiedene Formen von DNA Analysen sind medizinisch etabliert, um die Diagnose von Syndromen zu bestätigen, bei denen ASS als Begleiterkrankung auftritt. Da diese Syndrome auf de novo Mutationen beruhen, lassen sich keine Risiko-Schwangerschaften definieren, bei denen eine Diagnose des Fötus (wie etwa für die Diagnose des Down-Syndroms) indiziert wäre. Eine Ausnahme ist das Fragile-X-Syndrom, das durch Fortschreiten einer Prämutation bei der Eizellenreifung entsteht. Eine Mutter, die Trägerin der FMR1 Prämutation ist, sollte sich über die Alternativen informieren, ein gesundes Kind zu bekommen. Eine Diagnose nach Amniocentese kann zur Entscheidung zum Schwangerschaftsabbruch führen. Die molekulare Diagnose des

Embryos in Verbindung mit einer In-vitro-Fertilisation kann die Zeugung eines gesunden Kindes sicherstellen.

Idiopathische ASS: Für eine Diagnose von de novo Mutationen, die zu idiopathischem Autismus führen, gibt es wie bei den meisten Formen von syndromischem ASS keine Indikation. Eltern mit einem autistischen Kind können aber zu klären versuchen, ob es sich um eine de novo Mutation oder ererbte ASS Risikogene handelt. Wie in diesem Buch diskutiert worden ist, gibt es leider noch keine stabilen Kataloge vererbter Genvarianten von ASS-Risikogenen. Trotzdem beginnen Firmen, DNA Diagnosen von Autismus anzubieten, etwa die französisch-amerikanische Firma IntegraGen, die einen Test von 65 Erbmarkern, die mit ASS assoziiert sind, anbietet. Nutzung und Interpretation solcher Test zur weiteren Schwangerschaftsplanung sollte derzeit nur nach Aussprache mit erfahrenen Medizinern gesucht werden.

11.3 Hoffnungen: Hilfe durch individualisierte Medizin?

Die meisten Bücher der Serie **Autismus konkret** beschäftigen sich mit dem **derzeitigen** Stand der ASS Behandlung durch empirisch anerkannte Methoden. Hierzu gehören u. a. die verschiedenen Methoden der Applied Behavior Analysis oder Autismus-spezifische Verhaltenstherapie (ABA/AVT) (Bernard-Opitz & Nikopoulos, 2017; Baker, 2017) und der gelegentliche Einsatz von Medikamenten mit symptombezogener neurologischer Wirkung (Poustka & Poustka, 2009; Poustka & Kamp-Becker, 2016). Welche praktische Bedeutung haben nun die im vorliegenden Buch dargestellten Informationen für den individuellen Patienten?

11 Konsequenzen, DNA Diagnose, Hoffnungen, Zusammenfassung

Bei den hier diskutierten Ansätzen geht es um für die derzeitige Grundlagenforschung repräsentative Fakten, die **in absehbarer Zukunft** zu Anwendungen in Form der individualisierten Medizin führen sollten. Mit »individualisierter Medizin« ist eine Therapie gemeint, die versucht, nach molekularer Diagnose direkt an den Primärursachen der Krankheit anzusetzen. Diese Entwicklung findet derzeit in vielen Bereichen der Medizin statt, z. B. auch in der Krebsforschung. Hier drei Beispiele aus der Krebsmedizin:

- In den 1980er Jahren wurde erkannt, dass eine bestimmte Form von Leukämie, die chronische myeloische Leukämie (CML) durch Rekombination der Gene BCR and ABL verursacht wird. Zehn Jahre dauerte es, dann hatten Forscher das Medikament Gleevec entwickelt, das gezielt das BCR-ABL Krebsgen inhibiert, und wichtige Einsatzmöglichkeiten in der CML Behandlung hat.
- Gebärmutterhalskrebs wurde traditionell durch Färbung von Zellabstrichen diagnostiziert, und ein Krebsbefund führte zu chirurgischen Eingriffen. Durch Forschungen in den 1980er Jahren wurde deutlich, dass die Krankheit durch Viren (HPVs) verursacht wird, folglich konnte Krebsentwicklung durch Impfung vorgebeugt werden.
- Nicht immer winkt allerdings eine Erfolgsgeschichte: Ebenfalls seit über 30 Jahren weiß die Medizin, dass Darmkrebs oft von einem mutierten KRAS Gen angetrieben wird, doch leider konnte bis heute kein KRAS-Inhibitor den Weg in die klinische Praxis finden.

> ASS-Forschung teilt mit der Krebsforschung die Problematik, dass (1) ähnliche Krankheitsbilder durch sehr unterschiedliche Gene ausgelöst werden können, und dass (2) selbst in einem einzelnen Patienten zahlreiche Gene am Krankheitsgeschehen beteiligt sein können.

Es ist noch eine beträchtliche Strecke zur individualisierten Medizin in der ASS-Behandlung zu gehen, aber der Weg ist beschrieben und wurde bereits eingeschlagen.
1. Es ist nötig, möglichst vollständige Kataloge von ASS-Risikogenen zu erstellen und den mechanistischen Beitrag verschiedener Gene zum Krankheitsbild zu verstehen. Wie in diesem Buch beschrieben, findet diese Forschung derzeit mit Intensität und großem Erfolg statt.
2. Es müssen Strategien entwickelt werden, krankheitsrelevante Genvarianten in individuellen Patienten sicher und kosteneffizient zu ermitteln. Da die Genomanalyse auf dem Weg ist zu einer kosteneffizienten Standarddiagnose der Medizin zu werden, sollte diese Hürde im Lauf der nächsten Jahre genommen werden können.
3. Bleibt das dritte und schwierige Ziel, gegen Fehlfunktionen mutierter ASS-Risikogene therapeutisch wirksame Substanzen zu entwickeln. Während dies ein sehr langwieriger Prozess sein wird, hat dieses Buch Beispiele für erste Erfolge beschrieben und führende ASS Forscher sind optimistisch bezüglich des diesbezüglichen Nutzens der derzeitigen Forschung.

11.4 Zusammenfassung

Patienten mit Autismus-Spektrum-Störungen (ASS) haben Schwierigkeiten in der sozialen Interaktion, einschließlich der verbalen und nicht-verbalen Kommunikation und zeigen repetitive und stereotype Verhaltensmuster. Dem Krankheitsbild liegen Störungen in der Gehirnentwicklung zugrunde, oft in der Funktion von Synapsen, die überwiegend genetisch bedingt sind, aber auch durch Umweltfaktoren beeinflusst werden können.

Solche genetischen Defekte betreffen »ASS-Risikogene«. Die Mutationen dieser Gene führen zu Veränderungen von Proteinen, die entweder direkt an neuronalen Strukturen und Funktionen beteiligt sind oder die neuronale Differenzierung regulieren.

Mutationen von ASS-Risikogenen treten häufig in der Keimbahn auf, also bei der Reifung von Spermien und Eizellen. Solche Keimbahn-Mutationen können zu Syndromen wie dem Rett-Syndrom oder dem Fragilen-X-Syndrom führen, bei denen Autismus als Begleiterkrankung auftritt, verursachen aber auch einen Teil aller Fälle, bei denen ASS die Primärdiagnose ist.

Vermutlich entsteht ASS jedoch bei dem größeren Teil aller Patienten durch Genvarianten von ASS-Risikogenen, die schon in den Eltern bestanden. Dies ist so zu verstehen, dass die spezifische Kombination von Genvarianten in jedem der beiden Eltern weitgehend symptomfrei ist, während die neue Kombination von Genvarianten im Kind zu ASS führt.

Umweltfaktoren können die genetischen Vorbedingungen für die Entwicklung von ASS modifizieren und in manchen Fällen vielleicht gar als alleinige Krankheitsursache ausreichen. Mögliche Kandidaten für solche Umweltfaktoren sind virale Infektionen in der Schwangerschaft, entzündliche Vorgänge durch Infektionen oder Autoimmunität nach der Geburt sowie die Einnahme weniger und in ihrem Risiko bekannter Medikamente während der Schwangerschaft. Dagegen sind Impfschäden und Erziehungsfehler als Ursachen von ASS ausgeschlossen.

Das wachsende Verständnis der genetischen ASS Ursachen eröffnet eine Zukunft für DNA Diagnose und medikamentöse Entwicklungen. Eine etwaige Bestätigung von Umweltfaktoren wie Darmflora und Ernährungskomponenten könnte darüber hinaus zu einer positiven Beeinflussung des ASS-Krankheitsbildes führen.

12 Glossar

ADNP	Activity-dependent neuroprotector homeobox, ein ASS-Risikogen.
Allel	Eine der beiden Kopien desselben Gens im menschlichen Genom, oft so bezeichnet, um auf Verschiedenheit der beiden Allele hinzuweisen.
ANK2	Ankyrin 2, ein ASS-Risikogen.
ARID1B	AT rich interactive domain 1B, ein ASS-Risikogen.
ASH1L	Ash1 (absent, small, or homeotic)-like, ein ASS-Risikogen.
ASS	Abkürzung für Autismus-Spektrum-Störungen, ein Fachausdruck oft bevorzugt vor »Autismus«, um die Verschiedenartigkeit der Krankheitsbilder zu betonen.

12 Glossar

ASS-Risikogen	Ein Gen, dessen Ausfall oder Veränderung zu ASS führt oder das Risiko, ASS zu entwickeln, erhöht.
CHD8	chromodomain helicase DNA binding protein 8, ein ASS-Risikogen.
Chromatin	Komplex zwischen DNA und Proteinen, wie etwa Histonen.
Chromosom	Eine von 46 Untereinheiten des menschlichen Genoms, bestehend aus DNA und Proteinen wie Histonen.
CNTNAP2	contactin associated protein-like 2, ein ASS-Risikogen.
CNV: copy number variant	Allel eines Gens, das verdoppelt, vervielfacht oder deletiert ist.
Deletion	Gen oder Teil eines Gens, der fehlt, d. h. verloren gegangen ist.
DNA (im Deutschen oft DNS)	Desoxyribonukleinsäure, ein fadenförmiges Molekül, das der Speicher der Erbinformation ist.
Dominant	Eines der zwei verschiedenen Allele eines Gens, das sich im Phänotyp bzw. Krankheitsbild durchsetzt.
Duplikation	Verdopplung eines Gens, eines Teils des Gens, oder eines größeren DNA Abschnitts auf demselben Chromosom.
DYRK1A	dual-specificity tyrosine-(Y)-phosphorylation regulated kinase 1A, ein ASS-Risikogen.
Epigenetik	Chemische Veränderung der DNA oder der sie organisierenden Histone, oft durch Methylierung, ohne Veränderung der Nukleotidsequenz.

FOXP2	forkhead box P2, ein ASS-Risikogen.
FMR1	Fragiles X Mental Retardation Gen 1, kodiert für das Gen FMRP. Funktionsausfall von FMR1 durch Veränderung bestimmter flankierender Sequenzen führt zum Fragilen-X-Syndrom.
Gen	Abschnitt einer DNA oder einer Nukleotidsequenz, der für ein Protein kodiert.
Genexpression	Übersetzung eines Gens in zwei Schritten, zunächst durch Transkription in die mRNA, dann durch Translation in ein Protein.
Genom	Die gesamte Erbinformation, in menschlichen Zellen mit einer Länge von 3 Milliarden (bzw. 6 Milliarden) Nukleotiden im einfachen (bzw. doppelten) Chromosomensatz.
GRIN2B	glutamate receptor, ionotropic, N-methyl D-aspartate subunit 2B, ein ASS-Risikogen.
GWAS	genome-wide association analysis, die Korrelation zwischen einem Phänotyp oder Symptom mit einer Veränderung des Erbguts wie einer CNV oder SNP.
Haploinsuffizienz	Veränderung des Phänotyps, oder Auftreten eines Symptoms, weil nur ein von zwei funktionsfähigen Allelen eines Gens vorhanden sind.

Idiopathischer Autismus	Autismus als Primärdiagnose, im Gegensatz zu syndromischem Autismus. Der Ausdruck steht eigentlich für »Autismus mit nicht fassbarer Ursache«, was dem Inhalt dieses Buchs widerspricht, der ASS-Risikogene als Ursache des idiopathischen Autismus diskutiert.
Komorbidität	Begleiterkrankung, eine Bezeichnung für Symptome, die gelegentlich mit bestimmten Leitsymptomen auftreten, z. B. Autismus als Komorbidität des Rett-Syndroms.
Loss of function mutation	Mutation eines Gens oder Allels durch Deletion oder Nukleotidaustausch, die dazu führt, dass das kodierte Protein nicht mehr funktioniert.
MECP2	Das Gen für das Methyl Cytosin binding Protein 2, ein Transkriptionsfactor, der die Expression von Genen in der Nähe methylierter DNA Abschnitte verhindert. Der Ausfall dieses Gens führt zum Rett-Syndrom.
Missense mutation	Mutation eines Gens oder Allels durch Nukleotidaustausch, die dazu führt, dass das kodierte Protein eine veränderte Funktion hat.
Molekulargenetik, Molekularbiologie	Die beiden Ausdrücke werden im Wesentlichen gleichbedeutend gebraucht und verweisen darauf, dass die Vererbung von Eigenschaften durch DNA-Sequenzen erfolgt und beobachtbare funktionelle Konsequenzen nach Übersetzung in Proteine hat.

mRNA	messenger Ribonukleinsäure, ein Molekül, das durch Transkription eines Gens entsteht und weiter durch Translation in ein Protein übersetzt wird.
Mutation	Veränderung eines Gens durch Austausch, Verlust oder Gewinn eines Nukleotids oder eines längeren DNA Abschnitts.
NLGN3, NLGN4	Neuroligin 3 und 4. Zelladhäsionsproteine der postsynaptischen Membran, binden das präsynaptische Neurexin und interagieren mit SHANK3 auf der postsynaptischen Seite, ASS-Risikogene.
NRXN1	Neurexin, ein Zelladhäsionsprotein der präsynaptischen Membran. Ein ASS-Risikogen.
Nukleotid	Die Verbindung einer der vier DNA Basen mit einem Ribose-Zucker und einer Phosphat-Gruppe zum Aufbau des genetischen Codes in der DNA.
Penetranz	Die Wahrscheinlichkeit, dass ein bestimmter Genotyp einen Phänotyp ausbildet. Mechanistisch manchmal wenig verstanden.
Phänotyp	Das Erscheinungsbild oder die Eigenschaften, die von einem bestimmten Gen bestimmt werden.
Protein	Ein Eiweißmolekül, das von einem Gen kodiert ist und eine definierte Struktur und Funktion hat.
PTCHD1	patched domain containing 1, ein ASS-Risikogen.

Rezessiv	Eines der zwei verschiedenen Allele eines Gens, das aber im Phänotyp bzw. Krankheitsbild durch das dominante Allel überspielt wird.
SCN2A	sodium channel, voltage gated, type II, alpha subunit, ein ASS-Risikogen.
SHANK3	SH3 and multiple ankyrin repeat domains 3. Ein ASS-Risikogen, das für ein Protein der synaptischen Dichte kodiert. Der Ausfall von SHANK3 führt zum Phelan-McDermid Syndrom, und wurde in Formen von idiopathischem Autismus gefunden.
Simplex Familie	Wissenschaftlicher Jargon für eine Familie mit einem einzigen Autismus Patienten aber auch einem oder mehreren gesunden Kindern.
SNP (bzw. SNV)	single nucleotide polymorphism (bzw. single nucleotide variant). Veränderung eines Nukleotids eines Gens, die entweder zum Ausfall der Funktion, oder zu ihrer Veränderung führt, oder auch ohne Konsequenzen ist. SNPs können in der Keimbahn entstehen, oder existieren als häufige Varianten in der gesamten Bevölkerung.
Synapse	Verknüpfung zwischen zwei Nervenzellen, oft vom Axon der präsynaptischen Zelle zum Dendriten der postsynaptischen Zelle.

Syndromischer Autismus	ASS Symptomatik tritt als Begleiterkrankung eines komplexen Krankheitsbildes auf.
TBR1	T box, brain, 1, ein ASS-Risikogen.
Transkription	Übersetzung des genetischen Codes der DNA in die chemisch ähnliche mRNA, der erste der zwei Schritte der Genexpression.
Translation	Übersetzung der mRNA in ein Protein (Eiweißmolekül), der zweite der zwei Schritte der Genexpression.
TSC1, TSC2	tuberous Sclerosis Complex 1 und 2, zwei ASS-Risikogene, kodieren für die Proteine Hamartin und Tuberin, Regulatoren der mTOR Signalkette. Ausfall eines der beiden Gene führt zur Tuberösen Sklerose.
UBE3A	ubiquitin-Protein Ligase 3a, ein ASS-Risikogen. Wichtiger regulatorischer Faktor beim Proteinabbau. UBE3A Ausfall führt zum Angelman-Syndrom, UBE3A Duplikation zu Formen des idiopathischen Autismus.
WES	whole exome sequencing, englischer Fachausdruck für die DNA Sequenzierung jener Anteile (etwa 1 %) des Genoms, der für Proteine kodiert.
WGS	whole genome sequencing, englischer Fachausdruck für die DNA Sequenzierung des gesamten menschlichen Genoms, also 6 Milliarden Nukleotide auf dem doppelten Chromosomensatz.

13 Literatur

13.1 Englischsprachige Websites mit detaillierten weiterführenden Informationen

Genetics Home Reference des National Institute of Health, USA: https://ghr.nlm.nih.gov

Simons Foundation Autism Research Initiative (SFARI Gene Gruppe von Websites): https://sfari.org/resources/sfari-gene

13.2 Publikationen

American Psychiatric Association. (2013). Diagnostic and statistical manual of mental disorders (5th ed.). Washington, DC: Author.

Amir, R. E., van den Veyver, I. B., Wan, M., Tran, C. Q., Francke, U., & Zoghbi, H. Y. (1999). Rett syndrome is caused by mutations in X-linked MECP2, encoding methyl-CpG-binding protein 2. *Nat. Genet. 23*, 185–188.

Anney, R., Klei, D., Pinto, D., Almeida, J., Bacchelli, E, Baird, G. et al. (2012). Individual common variants exert weak effects on the risk for autism spectrum disorder. *Hum. Mol. Genet. 21*, 4781–4792.

Atladottir, H. O., Henriksen, T. B., Schendel, D. E., & Parner, E. T. (2012). Autism after infection, febrile episodes, and antibiotic use during pregnancy: an exploratory study. *Pediatrics 130*, e1447–e1454.

Bailey, A., Le Couteur, A., Gottesman, I., Bolton, P., Simonoff, E, Yuzda, E. & Rutter, M. (1995). Autism as a strongly genetic disorder: evidence from a British twin study. *Psychol. Med. 25*, 63–77.

Baker, J. (2017). *Anders denken lernen.* Stuttgart: Kohlhammer Verlag.

Baron-Cohen, S. (2009). Autism: The empathizing-systemizing (E-S) theory. Ann. *N.Y. Acad. Sci. 1156*, 68–80.

Baron-Cohen, S., Bolton, P., Wheelwright, S., Scahill, V., Short, L., Mead, G. & Smith, A. (1998). Autism occurs more often in families of physicists, engineers, and mathematicians. *Autism 2*, 296–301.

Bernard-Opitz, V. & Nikopoulos, C. (2017). *Lernen durch ABA/AVT Applied Behavior Analysis/Autismus-spezifische Verhaltenstherapie.* Stuttgart: Kohlhammer.

Bernier, R., Gotzio, C., Xiong, B., Stessman, H. A., Coe, B. P., Penn, O. et al. (2014). Disruptive CHD8 mutations define a subtype of autism early in development. *Cell 158*, 263–276.

Bölte, S. (2009a). *Autismus. Spektrum, Ursachen, Diagnostik, Intervention, Perspektiven.* Bern: Huber.

Bölte, S. (2009b). Autismus im Film, in der Literatur, und bei historischen Persönlichkeiten. In: S. Bölte, *Autismus. Spektrum, Ursachen, Diagnostik, Intervention, Perspektiven.* (S.13–18). Bern: Huber.

Bölte, S. (2009c). Epidemiologie. In: S. Bölte, *Autismus. Spektrum, Ursachen, Diagnostik, Intervention, Perspektiven* (S. 65–74). Bern: Huber.
Bölte, S. & Poustka, F. (2005). Are we facing an autism epidemic? *Autism News of Orange County 2*, 5–8.
Brose, N. (2007). Autismus – Wenn Nervenzellen kontaktscheu sind. *Biospektrum 13*, 614–616.
Buffington, S. A., Di Prisco, G. V., Auchtung, T. A., Ajami, N. J., Petrosino, J. F. & Costa-Mattioli, M. (2016). Microbial reconstitution reverses maternal diet-induced social and synaptic deficits in offspring. *Cell 165*, 1762–1775.
Casanova, E (2016). First trimester ischemia as a risk factor for autism. Zugriff 24.4.2017, https://scienceoveracuppa.com/2016/02/07/first-trimester-ischemia-as-a-risk-for-autism/
Casanova, E. (2015). Why does regressive autism occur when it does? Zugriff 24.4.2017 https://scienceoveracuppa.com/2015/01/04/why-does-regressive-autism-occur-when-it-does/
Chakrabarti, S. & Fombonne, E. (2005). Pervasive developmental disorders in preschool childrend: confirmation of high prevalence. *Am. J. Psychiatry 162*, 1133–1141.
Cross-Disorder Group of the Psychiatrics Genomics Consortium. (2013). Identification of risk loci with shared effects on five major psychiatric disorders: a genome-wide analysis. *Lancet 381*, 1371–1379.
Cyranoski, D. (2016). Monkeys genetically modified to show autism symptoms. *Nature 529*, 449.
De Rubeis, S., He, X., Goldberg, A. P., Poultney, C. S., Samocha, K., Cicek, A. E. et al. (2014). Synaptic, transcriptional and chromatin genes disrupted in autism. *Nature 515*, 209–215.
De Rubeis, S. & Buxbaum, J. D. (2015) Genetics and genomics of autism spectrum disorder: embracing complexity. *Hum. Mol. Genet. 24*(R1), R24–31.
Fatemi, S. H. (Hrsg.). (2015). *The Molecular basis of autism*. Heidelberg: Springer.
Freitag, C. M. (2014). Autismus-Spektrum Störung nach DSM-5. *Zeitschrift f. Kinder- und Jugendpsychiatri und Psychotherapie 42*, 185–192.
Fromer, M, Pocklington, A. J., Kavanagh, D. H., Wiliams, H. J., Dwyer, S, Gormley, P. et al. (2014). De novo mutations in schizophrenia implicate synaptic networks. *Nature 506*, 179–184.

13 Literatur

Gardener, H., Spiegelman, D., & Buka, S. L. (2009). Prenatal risk factors for autism: a comprehensive meta-analysis. *Br. J. Psychiatry 195*, 7–14.

Gaugler, T., Klei, L., Sanders, S. J., Bodea, C. A., Goldberg, A. P., Lee, A. B. et al. (2014). Most genetic risk for autism resides with common variation. *Nat. Genet. 46*, 88–-885.

Göttlicher, M., Minucci, S., Zhu, P., Krämer, O.H., Schimpf, A., Giavara, S. et al. (2001). Valproic acid defines a novel class of HDAC inhibitors inducing differentiation of transformed cells. *EMBO J. 20*, 6969-6978.

Helsmoortel, C., Vulto-van Silfhout, A. T., Coe, B. P., Vandeweyer, G., Rooms, L. et al. (2014). A SWI/SNF-related autism syndrome caused by de novo mutations in ADNP. *Nat. Genet. 46*, 380–384.

Heston, J. B. & White, S. A. (2015). Behavior-linked FoxP2 regulation enables zebra finch vocal learning. *J. Neurosci. 35*, 2885–2894.

Iossifov, I., O'Roak, B. J., Sanders, S. J., Ronemus, M., Krumm, N., Levy, D. et al. (2014). The contribution of de novo coding mutations to autism spectrum disorder. *Nature 515*, 216–221

Jamain, S., Quach, H., Betanour, C., Rastam, M., Colineaux, C., Gillberg, I. C. et al. (2003). Mutations of the X-linked genes encoding neuroligins NLGN3 and NLGN4 are associated with autism. *Nat. Genet. 34*, 27–29.

Janssen, B., Sampson, J., van der Est, M., Deelen, W., Verhoef, S., Daniels, J. et al. (1994). Refined localization of TSC1 by combined analysis of 9q34 and 16p13 data in 14 tuberous sclerosis families. *Hum. Genet. 94*, 437–440.

Katayama, Y., Nishiyama, M., Shoji, H. Ohkawa, Y., Kawamura, A, Sato, T. et al. (2016). CHD8 haploinsufficiency results in autistic-like phenotypes in mice. *Nature 537*, 675–679.

Kern, J. K., Geier, D. A., Sykes, L. K., & Geier, M. R. (2016). Relevance of neuroinflammation and encephalitis in autism. Frontiers Cell Neuroscience 9, 519.

Leppa, V. M., Kravitz, S. N., Martin, C. L., Andrieux, J., Le Caignec, C., Martin-Coignard, D. et al. (2016). Rare inherited and de novo CNVs reveal complex contributions to ASD risk in multiplex families. *Amer. J. Hum. Genetics 99*, 540–554.

Levin-Decanini, T. Oxytoxin and vasopressin in autism and genetic syndromes. In: S. Hossein Fatemi (Hrsg.). *The Molecular Basis of Autism* (S. 275–306). Heidelberg: Springer.

Liu, H., Li, X., Zhang, J. T., Cai, Y. J., Cheng, T. L., Wang, Y. et al. (2016). Autism-like behaviours and germline transmission in transgenic monkeys overexpressing MeCP2. *Nature 530*, 98–102.

LoParo, D. & Waldman, I. D. (2015). The oxytocin receptor gene (OCTR) is associated with autism spectrum disorder: a meta-analysis. *Mol. Psychiatry 20*, 640–646.

Loth, E. (2014). Oxytocin receptor genotype modulates ventral striatal activity to social cues and response to stressful life events. *Biol. Psychiatry 76*, 367–376.

Mazina, V., Gerdts, J., Trinh, S., Ankenman, K., Ward, T. Dennis, M. Y. et al. (2015). Epigenetics of autism-related impairment: Copy number variation and maternal infection. *J. Dev. Behav. Pediatr. 36*, 61–67.

Mei, Y., Monteiro, P., Zhou, Y., Kim, J. A., Gao, X., Fu, Z. Feng, G. (2016). Adult restoration of Shank3 expression rescues selective autistic-like phenotypes. *Nature 530*, 481–484.

Murch, S. H., Anthony, A., Casson, D. H., Malik, M., Berelowitz, M., Dhillon, A. P. et al. (2004). Retraction of an interpretation. *The Lancet 363*, 750.

Nardone, S. & Elliott, E. (2016). The interaction between the immune system and epigenetics in the etiology of austism spectrum disorders. *Front. Neurosci. 10*, 329.

Neale, B. M., Kou, Y., Liu, L, Ma'ayan, A., Samocha, K. E., Sabo, A. et al. (2012). Patterns and rates of exonic de novo mutations in autism spectrum disorders. *Nature 485*, 242–245.

Nordsletten, A. E., Larsson, H. Crowley, J. J., Almquist, C., Lichtenstein, P., & Mataiz-Cols, D. (2016). Patterns of nonrandom mating within and across 11 major psychiatric disorders. *JAMA Psychiatry 73*, 354–361.

Noterdaeme, M. (2009). Komorbidität und Differentialdiagnose. In: S. Bölte, (Hrsg.). *Autismus. Spektrum, Ursachen, Diagnostik, Intervention, Perspektiven* (S. 46–64). Bern: Huber.

O'Roak, B. J., Vives, L., Giriraja, S., Karakoc, E., Krumm, N., Coe, B. P. et al. (2012) Sporadic autism exomes reveal a highly interconnected protein network of de novo mutations. *Nature 485*, 246–250.

Poustka, L. & Kamp-Becker, I. (2017). Current practice and future avenues in autism therapy. *Curr. Top. Behav. Neuroscience* 30, 357–378.

13 Literatur

Poustka, L. & Poustka, F. (2009). Psychopharmakologie. In: S. Bölte (Hrsg.). Autismus, *Spektrum, Ursachen, Diagnostik, Intervention, Perspektiven* (S. 387–399). Bern: Huber.

Robinson, E., Lichtenstein, P., Anckarsäter, H., Happe, F. & Ronald, A. (2013). Examining and interpreting the female protective effect against autistic behavior. *Proc. Natl. Acad. Sci. 110*, 5258–5262.

Sanders, S. J., Murtha, M. T., Gupta, A. R., Murdoch, J. D., Raubeson, M. J., Willsey, A. J. et al. (2012). De novo mutations revealed by whole-exome sequencing are strongly associated with autism. *Nature 485*, 237–241.

Sandin, S., Schendel, D., Magnusson, P., Hultman, C., Suren, P., Susser, E. et al. (2016), Autism risk associated with parental age and with increasing difference in age between parents. *Mol. Psychiatry 21*, 693–700.

Shattuck, P. T. (2006). Diagnostic substitution and changing autism prevalence. *Pediatrics 117*, 1438-1439.

Sia, G. M., Clem, R. L. &Huganier, R. L. (2013). The human language-associated gene SRPX2 regulates synapse formation and vocalization in mice. *Science 342*, 987–991.

Tang, R., Noh, H. J., Wang, D., Sigurdsson, S., Swofford, R., Perloski, M., et al. (2014). Candidate genes and functional noncoding variants identified in a canine model of obsessive-compulsive disorder. *Genome Biol. 15*, R25.

Tsai, P. T., Hull, C., Chu, Y., Green-Colozzi, E., Sadowski, A. R., Leech, J. M. et al. (2012). Autistic-like behavior and cerebellar dysfunction in Purkinje cell Tsc1 mutant mice. *Nature 488*, 647–561.

Turner, T. N., Hormozdiari, F., Duyzend, M. H., McClymont, S. A., Hook, P. W., Iossifov, I. et al. (2016). Genome sequencing of autism-affected families reveals disruption of putative noncoding regulatory DNA. *American J. Human Genetics 98*, 58–74.

Van Bon, B. W., Coe, B. P., Bernier, R., Green, C. Gerdts, J., Witherspoon, K. et al. (2016). Disruptive de novo mutations of DYRK1A lead to a syndromic form of autism and ID. *Mol. Psychiatry 21*, 126–132.

Verkerk, A. J., Pieretti, M., Sutcliffe, J. S., Fu, Y. H., Kuhl, D. P., Pizutti A. et al. (1991). Identification of a gene (FMR-1) containing a CGG repeat coincident with a breakpoint cluster region exhibiting length variation in fragile X syndrome. *Cell 31*, 905–914.

Wakefield, A., Murch, S. H., Anthony, A., Linnell, J., Casson, D. M., Malik, M. et al. (1998). Ileal-lymphoid-hyperplasia, non-specific colitis, and pervasive developmental disorder in children. *The Lancet 351*, 637–641.

Wells, M. F. Wimmer, R. D., Schmitt, L. I., Feng, G. & Halassa, M. M. (2016). Thalamic reticular impairment underlies attention deficit in Ptchd1Y/- mice. *Nature 532*, 58–63.

Won, H., de la Torre-Ubieta, L., Stein, J. L., Parikshak, N. N., Huang, J., Opland, C. K. et al. (2016). Chromosome conformation elucidates regulatory relationships in developing human brain. *Nature* 538, 523–527.

Yi, J. J., Berrios, J., Newbern, J. M., Snider, W. D., Philpot, B. D., Hahn, K. M. & Zylka, M. J. (2015). An autism-linked mutation disables phosphorylation control of UBE3A. *Cell 162*, 795–807.

Yuen, R. K., Thiruvahindrapuram, B., Merico, D., Walker, S., Tammimies, K., Hoang, N. et al. (2015). Whole-genome sequencing of quartet families with autism spectrum disorder. *Nat. Med. 21*, 185–191.

Zerbo, O., Leong, A., Barcellos, L., Bernal, P., Fireman, B. & Croen, L. A. (2015). Immune mediated conditions in autism spectrum disorders. *Brain Behav. Immun. 46*, 232–236.

Zhou, Y., Kaiser, T., Monteiro, P. Zhang, X, van der Goes, M. S., Wang, D. et al. (2016). Mice with Shank3 mutations associated with ASD and schizophrenia display both shared and distinct defects. *Neuron 89*, 147–162.

14 Zum Autor

Hans-Ulrich Bernard hat nach einem Studium der Mikrobiologie in Göttingen sein Berufsleben molekularbiologischen Fragen der Genregulation, der Virologie und der Krebsforschung gewidmet, davon 30 Jahre als Professor an der National University of Singapore und der University of California Irvine. Er hat 120 originale wissenschaftliche Manuskripte in Fachzeitschriften veröffentlicht und war als Autor und Editor an 20 wissenschaftlichen Buchprojekten beteiligt. Neben seinen molekularen Arbeitsschwerpunkten hat er Erfahrung als Editor von populärwissenschaftlichen Büchern. Dieses Buch ist sein Beitrag als Molekularbiologe zum psychologischen Arbeitsgebiet seiner Frau Vera Bernard-Opitz.

Aus der Reihe „Autismus Konkret"

2017. 112 Seiten mit 22 Abb. und 8 Tab. Kart.
€ 19,–
ISBN 978-3-17-031675-1

Ausgehend von den Erfolgen der intensiven Frühförderprogramme in den USA ist auch in Deutschland ein zunehmendes Interesse an ABA (Applied Behavior Analysis) und AVT (Autismus-spezifischer Verhaltenstherapie) zu beobachten.
ABA/AVT wird als eine optimistische Methode zur Veränderung von Problemen und der Entwicklung von Fähigkeiten beschrieben, die von Fachkräften wie auch Eltern und Hausteams erlernt werden kann. Therapeutische Hilfen werden konkret dargestellt, wobei die Leser einen Einblick in traditionelle und neue verhaltenstherapeutische Strategien erhalten.

2017. 141 Seiten mit 4 Abb. Kart.
€ 19,–
ISBN 978-3-17-030854-1

Der Autor führt in die kognitive Verhaltenstherapie ein und erläutert ihre Bedeutung für die Behandlung von Kindern mit Autismus-Spektrum-Störungen. Dabei wird auf die Lern- und Therapiemethoden eingegangen und erklärt, wie diese in der Praxis angewendet werden können. So erhalten beispielsweise die Eltern von Kindern mit herausforderndem Verhalten Tipps, wie sie ihr Kind besser verstehen, Elemente der kognitiven Verhaltenstherapie in konkreten Situationen anwenden und schwierige Situationen von vornherein vermeiden können.

Leseproben und weitere Informationen unter www.kohlhammer.de

W. Kohlhammer GmbH
70549 Stuttgart